FRÖHLICH

Euro-Steuerberatergebührenverordnung

Euro-Steuerberatergebühren-verordnung

Steuerberatergebühren ab 1. 1. 2002 auf der Grundlage
des Gesetzes zur Umstellung des Kostenrechts und
der Steuerberatergebührenverordnung auf EURO
Textausgabe mit Kurzerläuterungen,
Wertetabellen und Auslagenpauschale

von Dr. Sigrid Fröhlich

RICHARD BOORBERG VERLAG
Stuttgart · München · Hannover · Berlin · Weimar · Dresden

Die Deutsche Bibliothek - CIP-Einheitsaufnahme

Euro-Steuerberatergebührenverordnung : Steuerberatergebühren ab 1. 1. 2002 auf der Grundlage des Gesetzes zur Umstellung des Kostenrechts und der Steuerberatergebührenverordnung auf EURO ; Textausgabe mit Kurzerläuterungen, Wertetabellen und Auslagenpauschale / von Dr. Sigrid Fröhlich - Stuttgart ; München ; Hannover ; Berlin ; Weimar ; Dresden : Boorberg 2001
ISBN 3-415-02884-4

Gesamtherstellung: Druckhaus „Thomas Müntzer" GmbH, Bad Langensalza
Richard Boorberg Verlag GmbH & Co, 2001
www.boorberg.de

Inhaltsübersicht

Fünfter Abschnitt
Gebühren für die Hilfeleistung bei der Erfüllung steuerlicher
Buchführungs- und Aufzeichnungspflichten

Sechster Abschnitt
Gebühren für die Vertretung im außergerichtlichen Rechtsbehelfs-
verfahren und im Verwaltungsvollstreckungsverfahren

Siebenter Abschnitt
Gerichtliche und andere Verfahren

Achter Abschnitt
Übergangs- und Schlussvorschriften

Tabellen

Vorwort

Die Steuerberatergebührenverordnung – StBGebV – vom 17. Dezember 1981 (BGBl. I S. 1442) wurde durch das Gesetz zur Umstellung des Kostenrechts und der Steuerberatergebührenverordnung auf Euro vom 27. 4. 2001 (BGBl. I S. 751, 760) geändert. Diese vierte Änderung nach den Änderungen vom 20. 6. 1988 (BGBl. I S. 841), vom 21. 6. 1991 (BGBl. I S. 1370) und vom 20. 8. 1998 (BGBl. I S. 2369) bringt lediglich die komplette Umstellung aller Gegenstandswerte und Gebühren von DM auf Euro zum 1. Januar 2002. Inhaltliche Änderungen sind nicht erfolgt.

Laut Bundestagsdrucksache 14/4222 vom 9. 10. 2000 wurde bei der Euro-Umstellung generell von folgenden Grundsätzen ausgegangen:

- die Gebühren sollen nicht mehr als unbedingt notwendig von den DM-Werten abweichen. Bei Mindest- oder Höchstgebühren oder ähnlichen Gebühren mit besonderem Signalcharakter soll ein Eurobetrag gewählt werden, der durch 5, 10, 100 etc. teilbar ist.
- Gebühren sollen in der Regel durch glatte Euro-Beträge ausgedrückt werden. Bei Rahmengebühren steht die in der Praxis am häufigsten anfallende Mittelgebühr beim Vergleich mit dem DM-Betrag im Vordergrund.
- Rahmengebühren sollen in der Regel in durch 5 teilbaren Euro-Beträgen ausgedrückt werden.
- Durch die Glättung bewirkte Änderungen des Betrags sollen nach Möglichkeit innerhalb der Gebühren für zusammengehörende Bereiche ausgeglichen werden.

Mit dieser Neuauflage stellt der Verlag Steuerberatern und Steuerbevollmächtigten, aber auch allen anderen Interessierten eine aktuelle Übersicht zur Verfügung. Sie ermöglicht die schnelle und zuverlässige Information über alle maßgeblichen Gebühren, die im Rahmen der steuerberatenden Tätigkeit anfallen.

Wichtige Hinweise:

1. Die Änderungen treten am 1. Januar 2002 in Kraft.
2. Änderungen sind halbfett gedruckt und durch Fußnoten erläutert.
3. Die Tabellen in den Anlagen wurden komplett neu gefasst und enthalten in Fußnoten nähere Erläuterungen zur Art der Umstellung.
4. Weggefallenes ist kursiv gedruckt und erläutert.

Euro-Steuerberatergebührenverordnung

Steuerberatergebühren ab 1. 1. 2002 auf Grundlage des Gesetzes vom 17. Dezember 1981 (BGBl. I S. 1442) geändert durch Erste Verordnung zur Änderung der Steuerberatergebührenverordnung vom 20. 6. 1988 (BGBl. I S. 841), Zweite Verordnung zur Änderung der Steuerberatergebührenverordnung vom 21. 6. 1991 (BGBl. I S. 1370), Dritte Verordnung zur Änderung der Steuerberatergebührenverordnung vom 20. 8. 1998 (BGBl. I S. 2369) und das Gesetz zur Umstellung des Kostenrechts und der Steuerberatergebührenverordnung – KostREuroUG – vom 27. 4. 2001 (BGBl. I S. 751, 760).

Erster Abschnitt
Allgemeine Vorschriften

§ 1 Anwendungsbereich

(1) Die Vergütung (Gebühren und Auslagenersatz) des Steuerberaters für seine selbstständig ausgeübte Berufstätigkeit (§ 33 des Gesetzes) bemisst sich nach dieser Verordnung.

(2) Für die Vergütung der Steuerbevollmächtigten und der Steuerberatungsgesellschaften gelten die Vorschriften über die Vergütung der Steuerberater entsprechend.

§ 2 Sinngemäße Anwendung der Verordnung

Ist in dieser Verordnung über die Gebühren für eine Berufstätigkeit des Steuerberaters nichts bestimmt, so sind die Gebühren in sinngemäßer Anwendung der Vorschriften dieser Verordnung zu bemessen.

§ 3 Mindestgebühr, Auslagen

(1) Der Mindestbetrag einer Gebühr ist **10 Euro**[1]. *Pfennigbeträge sind auf 10 Deutsche Pfennig aufzurunden*[2].

(2) Mit den Gebühren werden auch die allgemeinen Geschäftskosten entgolten.

(3) Der Anspruch auf Zahlung der auf die Vergütung entfallenden Umsatzsteuer und auf Ersatz der für Post- und Telekommunikationsdienstleistungen zu zahlenden Entgelte, der Schreibauslagen und der Reisekosten bestimmt sich nach den §§ 15 bis 20.

---

1) Die Gebühr wurde im Verhältnis 2 DM zu 1 Euro umgestellt.
2) § 3 Absatz 1 Satz 2 wurde gestrichen. Die bisher vorgesehene Aufrundung entfällt. Es wird centgenau gerechnet.

§ 4   Vereinbarung der Vergütung

(1) [1]Aus einer Vereinbarung kann der Steuerberater eine höhere Vergütung, als sie sich aus dieser Verordnung und den gesetzlichen Vorschriften über den Auslagenersatz ergibt, nur fordern, wenn die Erklärung des Auftraggebers schriftlich abgegeben und nicht in der Vollmacht oder in einem Vordruck, der auch andere Erklärungen umfasst, enthalten ist. [2]Hat der Auftraggeber freiwillig und ohne Vorbehalt geleistet, so kann er das Geleistete nicht deshalb zurückfordern, weil seine Erklärung der Vorschrift des Satzes 1 nicht entspricht.

(2) Ist eine vereinbarte Vergütung unter Berücksichtigung aller Umstände unangemessen hoch, so kann sie im Rechtsstreit auf den angemessenen Betrag bis zur Höhe der sich aus dieser Verordnung ergebenden Vergütung herabgesetzt werden.

§ 5   Mehrere Steuerberater

Ist die Angelegenheit mehreren Steuerberatern zur gemeinschaftlichen Erledigung übertragen, so erhält jeder Steuerberater für seine Tätigkeit die volle Vergütung.

§ 6   Mehrere Auftraggeber

(1) Wird der Steuerberater in derselben Angelegenheit für mehrere Auftraggeber tätig, so erhält er die Gebühren nur einmal.

(2) [1]Jeder Auftraggeber schuldet dem Steuerberater die Gebühren und Auslagen, die er schulden würde, wenn der Steuerberater nur in seinem Auftrag tätig geworden wäre. [2]Der Steuerberater kann aber insgesamt nicht mehr als die Gebühr nach Absatz 1 fordern, die in den Fällen des § 41 Abs. 6 nach Maßgabe dieser Vorschrift zu berechnen ist; die Auslagen kann er nur einmal fordern.

§ 7   Fälligkeit

Die Vergütung des Steuerberaters wird fällig, wenn der Auftrag erledigt oder die Angelegenheit beendigt ist.

§ 8   Vorschuss

Der Steuerberater kann von seinem Auftraggeber für die entstandenen und die voraussichtlich entstehenden Gebühren und Auslagen einen angemessenen Vorschuss fordern.

§ 9   Berechnung

(1) Der Steuerberater kann die Vergütung nur auf Grund einer von ihm unterzeichneten und dem Auftraggeber mitgeteilten Berechnung einfordern.

(2) [1]In der Berechnung sind die Beträge der einzelnen Gebühren und Auslagen, die Vorschüsse, eine kurze Bezeichnung des jeweiligen Gebührentatbestands, die Bezeichnung der Auslagen sowie die angewandten Vorschriften dieser Gebührenordnung und bei Wertgebühren auch der Gegenstandswert anzugeben.

[2]Nach demselben Stundensatz berechnete Zeitgebühren können zusammengefasst werden. [3]Bei Entgelten für Post- und Telekommunikationsdienstleistungen genügt die Angabe des Gesamtbetrages.

(3) Hat der Auftraggeber die Vergütung gezahlt, ohne die Berechnung erhalten zu haben, so kann er die Mitteilung der Berechnung noch fordern, solange der Steuerberater zur Aufbewahrung der Handakten verpflichtet ist.

Zweiter Abschnitt
Gebührenberechnung

§ 10   Wertgebühren

(1) [1]Die Wertgebühren bestimmen sich nach den der Verordnung als Anlage beigefügten Tabellen A bis E. [2]Sie werden nach dem Wert berechnet, den der Gegenstand der beruflichen Tätigkeit hat. [3]Maßgebend ist, soweit diese Verordnung nichts anderes bestimmt, der Wert des Interesses.

(2) In derselben Angelegenheit werden die Werte mehrerer Gegenstände zusammengerechnet; dies gilt nicht für die in den §§ 24 bis 27, 30, 35 und 37 bezeichneten Tätigkeiten.

§ 11   Rahmengebühren

Ist für die Gebühren ein Rahmen vorgesehen, so bestimmt der Steuerberater die Gebühr im Einzelfall unter Berücksichtigung aller Umstände, insbesondere der Bedeutung der Angelegenheit, des Umfanges und der Schwierigkeit der beruflichen Tätigkeit nach billigem Ermessen.

§ 12   Abgeltungsbereich der Gebühren

(1) Die Gebühren entgelten, soweit diese Verordnung nichts anderes bestimmt, die gesamte Tätigkeit des Steuerberaters vom Auftrag bis zur Erledigung der Angelegenheit.

(2) Der Steuerberater kann die Gebühren in derselben Angelegenheit nur einmal fordern.

(3) Sind für Teile des Gegenstandes verschiedene Gebührensätze anzuwenden, so erhält der Steuerberater für die Teile gesondert berechnete Gebühren, jedoch nicht mehr als die aus dem Gesamtbetrag der Wertteile nach dem höchsten Gebührensatz berechnete Gebühr.

(4) Auf bereits entstandene Gebühren ist es, soweit diese Verordnung nichts anderes bestimmt, ohne Einfluss, wenn sich die Angelegenheit vorzeitig erledigt oder der Auftrag endigt, bevor die Angelegenheit erledigt ist.

(5) [1]Wird der Steuerberater, nachdem er in einer Angelegenheit tätig geworden war, beauftragt, in derselben Angelegenheit weiter tätig zu werden, so erhält er nicht mehr an Gebühren, als er erhalten würde, wenn er von vornhe-

rein hiermit beauftragt worden wäre. [2]Ist der frühere Auftrag seit mehr als zwei Kalenderjahren erledigt, gilt die weitere Tätigkeit als neue Angelegenheit.

(6) Ist der Steuerberater nur mit einzelnen Handlungen beauftragt, so erhält er nicht mehr an Gebühren, als der mit der gesamten Angelegenheit beauftragte Steuerberater für die gleiche Tätigkeit erhalten würde.

§ 13   Zeitgebühr

[1]Die Zeitgebühr ist zu berechnen

1. in den Fällen, in denen diese Verordnung dies vorsieht,

2. wenn keine genügenden Anhaltspunkte für eine Schätzung des Gegenstandswerts vorliegen; dies gilt nicht für Tätigkeiten nach § 23 sowie für die Vertretung im außergerichtlichen Rechtsbehelfsverfahren (§§ 40 bis 43), im Verwaltungsvollstreckungsverfahren (§ 44) und in gerichtlichen und anderen Verfahren (§§ 45, 46).

[2]Sie beträgt **19** bis **46 Euro**[1] je angefangene halbe Stunde.

§ 14   Pauschalvergütung

(1) [1]Für einzelne oder mehrere für denselben Auftraggeber laufend auszuführende Tätigkeiten kann der Steuerberater eine Pauschalvergütung vereinbaren. [2]Die Vereinbarung ist schriftlich und für einen Zeitraum von mindestens einem Jahr zu treffen. [3]In der Vereinbarung sind die vom Steuerberater zu übernehmenden Tätigkeiten und die Zeiträume, für die sie geleistet werden, im Einzelnen aufzuführen.

(2) Die Vereinbarung einer Pauschalvergütung ist ausgeschlossen für

1. die Anfertigung nicht mindestens jährlich wiederkehrender Steuererklärungen;

2. die Ausarbeitung von schriftlichen Gutachten (§ 22);

3. die in § 23 genannten Tätigkeiten;

4. die Teilnahme an Prüfungen (§ 29);

5. die Beratung und Vertretung im außergerichtlichen Rechtsbehelfsverfahren (§§ 40 bis 43), im Verwaltungsvollstreckungsverfahren (§ 44) und in gerichtlichen und anderen Verfahren (§ 45).

(3) Der Gebührenanteil der Pauschalvergütung muss in einem angemessenen Verhältnis zur Leistung des Steuerberaters stehen.

---

1) Die Gebühren wurden nach dem offiziellen Euro-Kurs umgerechnet und auf den nächsten vollen Euro-Betrag abgerundet.

Dritter Abschnitt
Umsatzsteuer, Ersatz von Auslagen

§ 15   Umsatzsteuer

[1]Der Vergütung ist die Umsatzsteuer hinzuzurechnen, die nach § 12 des Umsatzsteuergesetzes auf die Tätigkeit entfällt. [2]Dies gilt nicht, wenn die Umsatzsteuer nach § 19 Abs. 1 des Umsatzsteuergesetzes unerhoben bleibt.

§ 16   Entgelte für Post- und Telekommunikationsdienstleistungen

[1]Der Steuerberater hat Anspruch auf Ersatz der bei der Ausführung des Auftrags für Post- und Telekommunikationsdienstleistungen zu zahlenden Entgelte. [2]Er kann nach seiner Wahl an Stelle der tatsächlich entstandenen Kosten einen Pauschsatz fordern, der 15 vom Hundert der sich nach dieser Verordnung ergebenden Gebühren beträgt, in derselben Angelegenheit jedoch höchstens 20 Euro[1], in Strafsachen und Bußgeldverfahren höchstens 15 Euro[1].

§ 17   Schreibauslagen

(1) Der Steuerberater hat Anspruch auf Ersatz der Schreibauslagen für Abschriften und Ablichtungen

1. aus Behörden- und Gerichtsakten, soweit deren Herstellung zur sachgemäßen Bearbeitung der Angelegenheit geboten war,

2. für die Unterrichtung von mehr als drei Beteiligten auf Grund einer Rechtsvorschrift oder nach Aufforderung einer Behörde,

3. im Übrigen nur, wenn sie im Einverständnis mit dem Auftraggeber zusätzlich, auch zur Unterrichtung Dritter, gefertigt worden sind.

(2) Die Höhe der Schreibauslagen in derselben Angelegenheit und in gerichtlichen Verfahren in demselben Rechtszug bemisst sich nach den für die gerichtlichen Schreibauslagen im Gerichtskostengesetz bestimmten Beträgen.

§ 18   Geschäftsreisen

(1) [1]Für Geschäftsreisen sind dem Steuerberater als Reisekosten die Fahrtkosten und die Übernachtungskosten zu erstatten; ferner erhält er ein Tage- und Abwesenheitsgeld. [2]Eine Geschäftsreise liegt vor, wenn das Reiseziel außerhalb der Gemeinde liegt, in der sich die Kanzlei oder die Wohnung des Steuerberaters befindet.

---

1) Die Gebühren wurden im Verhältnis 2 DM zu 1 Euro umgestellt.

(2) Als Fahrtkosten sind zu erstatten:

1. bei Benutzung eines eigenen Kraftfahrzeugs zur Abgeltung der Anschaffungs-, Unterhaltungs- und Betriebskosten sowie der Abnutzung des Kraftfahrzeugs **0,27 Euro**[1] für jeden gefahrenen Kilometer zuzüglich der durch die Benutzung des Kraftfahrzeugs aus Anlass der Geschäftsreise regelmäßig anfallenden baren Auslagen, insbesondere der Parkgebühren,

2. bei Benutzung anderer Verkehrsmittel die tatsächlichen Aufwendungen, soweit sie angemessen sind.

(3) [1]Als Tage- und Abwesenheitsgeld erhält der Steuerberater bei einer Geschäftsreise von nicht mehr als 4 Stunden **15 Euro**, von mehr als 4 bis 8 Stunden **31 Euro** und von mehr als 8 Stunden **56 Euro**, bei Auslandsreisen kann zu diesen Beiträgen ein Zuschlag von 50 vom Hundert berechnet werden[2]. [2]Die Übernachtungskosten sind in Höhe der tatsächlichen Aufwendungen zu erstatten, soweit sie angemessen sind[3].

§ 19   Reisen zur Ausführung mehrerer Geschäfte

Dient eine Reise der Ausführung mehrerer Geschäfte, so sind die entstandenen Reisekosten und Abwesenheitsgelder nach dem Verhältnis der Kosten zu verteilen, die bei gesonderter Ausführung der einzelnen Geschäfte entstanden wären.

§ 20   Verlegung der beruflichen Niederlassung

Ein Steuerberater, der seine berufliche Niederlassung nach einem anderen Ort verlegt, kann bei Fortführung eines ihm vorher erteilten Auftrags Reisekosten und Abwesenheitsgelder nur insoweit verlangen, als sie auch von seiner bisherigen beruflichen Niederlassung aus entstanden wären.

---

1) Der Betrag wurde entsprechend dem korrespondierenden Betrag in der BRAGO neu festgelegt. Die Umstellung entspricht der Umrechnung nach dem offiziellen Euro-Kurs, aufgerundet auf den nächsten vollen Cent-Betrag.

2) Die Beträge wurden entsprechend den korrespondierenden Werten in der BRAGO neu festgelegt. Die neuen Werte entsprechen dabei einer Umrechnung nach dem offiziellen Euro-Kurs, nach kaufmännischen Regeln auf den nächsten vollen Euro-Betrag auf- bzw. abgerundet.

3) Mit den Absätzen 1 und 2 ist die in der Rechtsprechung und Literatur unterschiedlich beantwortete Frage, wann eine Geschäftsreise vorliegt, eindeutig geregelt. Dabei wird allein darauf abgestellt, dass das Reiseziel außerhalb der Gemeinde liegt, in der sich die Kanzlei oder Wohnung des Steuerberaters befindet. Für die Aufwendungen bei Benutzung anderer Verkehrsmittel als des eigenen Kraftfahrzeugs wird klargestellt, dass diese nur im Rahmen des Angemessenen zu erstatten sind.

Vierter Abschnitt
Gebühren für die Beratung und für die Hilfeleistung bei der Erfüllung allgemeiner Steuerpflichten

§ 21   Rat, Auskunft, Erstberatung

(1) [1]Für einen mündlichen oder schriftlichen Rat oder eine Auskunft, die nicht mit einer anderen gebührenpflichtigen Tätigkeit zusammenhängt, erhält der Steuerberater eine Gebühr in Höhe von 1 Zehntel bis 10 Zehntel der vollen Gebühr nach Tabelle A (Anlage 1). [2]Ist die Tätigkeit nach Satz 1 Gegenstand einer ersten Beratung, so kann der Steuerberater, der erstmals von diesem Ratsuchenden in Anspruch genommen wird, keine höhere Gebühr als **180 Euro**[1] fordern[2]. [3]Bezieht sich der Rat oder die Auskunft nur auf steuerstrafrechtliche, bußgeldrechtliche oder sonstige Angelegenheiten, in denen die Gebühren nicht nach dem Gegenstandswert berechnet werden, so beträgt die Gebühr **19 bis 180 Euro**[3]. [4]Die Gebühr ist auf eine Gebühr anzurechnen, die der Steuerberater für eine sonstige Tätigkeit erhält, die mit der Raterteilung oder Auskunft zusammenhängt.

(2) [1]Wird ein Steuerberater, der mit der Angelegenheit noch nicht befasst gewesen ist, beauftragt, zu prüfen, ob eine Berufung oder Revision Aussicht auf Erfolg hat, so erhält er 13 Zwanzigstel einer Gebühr nach Tabelle E (Anlage 5), wenn er von der Einlegung der Berufung oder Revision abrät und eine Berufung oder Revision durch ihn nicht eingelegt wird. [1]Dies gilt nicht für die in Absatz 1 Satz 3 genannten Angelegenheiten.

§ 22   Gutachten

Für die Ausarbeitung eines schriftlichen Gutachtens mit eingehender Begründung erhält der Steuerberater eine Gebühr von 10 Zehntel bis 30 Zehntel der vollen Gebühr nach Tabelle A (Anlage 1).

---

1) Die Gebühr wurde in Anlehnung an den entsprechenden Betrag in der BRAGO neu festgelegt. Gegenüber einer Umrechnung zum offiziellen Euro-Kurs ergibt sich eine Anhebung der Maximalgebühr um 2,05 Euro.

2) Mit Absatz 1 Satz 2 wird die Gebühr des Satzes 1 der Höhe nach auf 180 Euro begrenzt, wenn es sich um eine erste Beratung handelt. Nach Satz 1 erhält der Steuerberater für einen mündlichen oder schriftlichen Rat oder eine Auskunft, die nicht mit einer anderen gebührenpflichtigen Tätigkeit zusammenhängt, eine Gebühr in Höhe von $^1/_{10}$ bis $^{10}/_{10}$ der vollen Gebühr. Diese ist nach Satz 4 auf eine Gebühr anzurechnen, die der Steuerberater für eine sonstige Tätigkeit erhält, die mit der Raterteilung oder Auskunft zusammenhängt oder diese fortsetzt. Dadurch wird erreicht, dass der Auftraggeber, der sich erstmals an den Steuerberater wendet, im Vorhinein übersehen kann, was ihn diese erste Beratung höchstens kosten wird.

3) Die untere Grenze des Betragsrahmens entspricht der unteren Grenze der Zeitgebühr in § 13 Satz 2. Sie wurde nach dem offiziellen Euro-Kurs umgerechnet und auf den nächsten vollen Euro-Betrag abgerundet. Zur oberen Grenze des Bezugsrahmens siehe Anmerkung 2) zu § 21 Abs. 1.

§ 23 Sonstige Einzeltätigkeiten

[1]Die Gebühr beträgt für

1. die Berichtigung einer Erklärung (§ 153 der Abgabenordnung) $^2/_{10}$ bis $^{10}/_{10}$
2. einen Antrag auf Stundung $^2/_{10}$ bis $^8/_{10}$
3. einen Antrag auf Anpassung der Vorauszahlungen $^2/_{10}$ bis $^8/_{10}$
4. einen Antrag auf abweichende Steuerfestsetzung aus Billigkeitsgründen $^2/_{10}$ bis $^8/_{10}$
5. einen Antrag auf Erlass von Ansprüchen aus dem Steuerschuldverhältnis $^2/_{10}$ bis $^8/_{10}$
6. einen Antrag auf Erstattung (§ 37 Abs. 2 der Abgabenordnung) $^2/_{10}$ bis $^8/_{10}$
7. einen Antrag auf Aufhebung oder Änderung eines Steuerbescheides oder auf Aufhebung einer Steueranmeldung $^2/_{10}$ bis $^{10}/_{10}$
8. einen Antrag auf volle oder teilweise Rücknahme oder auf vollen oder teilweisen Widerruf eines Verwaltungsaktes $^4/_{10}$ bis $^{10}/_{10}$
9. einen Antrag auf Wiedereinsetzung in den vorigen Stand außerhalb eines Rechtsbehelfsverfahrens $^4/_{10}$ bis $^{10}/_{10}$
10. sonstige Anträge, soweit sie nicht in Steuererklärungen gestellt werden $^2/_{10}$ bis $^{10}/_{10}$

einer vollen Gebühr nach Tabelle A (Anlage 1). [2]Soweit Tätigkeiten nach den Nummern 1 bis 10 denselben Gegenstand betreffen, ist nur eine Tätigkeit maßgebend, und zwar die mit dem höchsten oberen Gebührenrahmen.

§ 24 Steuererklärungen[1]

(1) Der Steuerberater erhält für die Anfertigung

1. der Einkommensteuererklärung ohne Ermittlung der einzelnen Einkünfte $^1/_{10}$ bis $^6/_{10}$
   einer vollen Gebühr nach Tabelle A (Anlage 1); Gegenstandswert ist die Summe der positiven Einkünfte, jedoch mindestens 6000 Euro;

2. der Erklärung zur gesonderten Feststellung der Einkünfte ohne Ermittlung der Einkünfte $^1/_{10}$ bis $^5/_{10}$
   einer vollen Gebühr nach Tabelle A (Anlage 1); Gegenstandswert ist die Summe der positiven Einkünfte, jedoch mindestens 6000 Euro;

3. der Körperschaftsteuererklärung ohne Entwicklung des nach § 30 des Körperschaftsteuergesetzes zu gliedernden verwendbaren Eigenkapitals $^2/_{10}$ bis $^8/_{10}$
   einer vollen Gebühr nach Tabelle A (Anlage 1); Gegenstandswert ist das Einkommen vor Berücksichtigung eines Verlustabzugs, jedoch mindestens 12 500 Euro;

---

1) Die Gebühren wurden durchgehend im Verhältnis 2 DM zu 1 Euro umgestellt.

4. der Erklärung über die Entwicklung des nach § 30 des Körperschaftsteuergesetzes zu gliedernden verwendbaren Eigenkapitals $^1/_{10}$ bis $^6/_{10}$

    einer vollen Gebühr nach Tabelle A (Anlage 1); Gegenstandswert ist das verwendbare Eigenkapital, jedoch mindestens **12 500 Euro;**

5. der Erklärung zur Gewerbesteuer

    a) nach dem Gewerbeertrag $^1/_{10}$ bis $^6/_{10}$

        einer vollen Gebühr nach Tabelle A (Anlage 1); Gegenstandswert ist der Gewerbeertrag vor Berücksichtigung des Freibetrages und eines Gewerbeverlustes, jedoch mindestens **6000 Euro,**

    b) nach dem Gewerbekapital $^1/_{20}$ bis $^{12}/_{20}$

        einer vollen Gebühr nach Tabelle A (Anlage 1); Gegenstandswert ist das Gewerbekapital vor Berücksichtigung der Freibeträge, jedoch mindestens **9000 Euro;**

6. der Gewerbesteuerzerlegungserklärung $^1/_{10}$ bis $^6/_{10}$

    einer vollen Gebühr nach Tabelle A (Anlage 1); Gegenstandswert sind 10 vom Hundert der als Zerlegungsmaßstab erklärten Arbeitslöhne und Betriebseinnahmen, jedoch mindestens **4000 Euro;**

7. der Umsatzsteuervoranmeldung *1. § 33 VIII* $^1/_{10}$ bis $^6/_{10}$

    einer vollen Gebühr nach Tabelle A (Anlage 1); Gegenstandswert sind 10 vom Hundert des Gesamtbetrags der Entgelte zuzüglich des Eigenverbrauchs, jedoch mindestens **500 Euro;**

8. der Umsatzsteuererklärung einschließlich ergänzender Anträge und Meldungen $^1/_{10}$ bis $^8/_{10}$

    einer vollen Gebühr nach Tabelle A (Anlage 1); Gegenstandswert sind 10 vom Hundert des Gesamtbetrags der Entgelte zuzüglich des Eigenverbrauchs, jedoch mindestens **6000 Euro;**

9. der Vermögensaufstellung zur Ermittlung des Einheitswertes des Betriebsvermögens $^1/_{20}$ bis $^{14}/_{20}$

    einer vollen Gebühr nach Tabelle A (Anlage 1); Gegenstandswert ist das Rohbetriebsvermögen, jedoch mindestens **12 500 Euro;**

10. der Vermögensteuererklärung oder der Erklärung zur gesonderten Feststellung des Vermögens von Gemeinschaften $^1/_{20}$ bis $^{18}/_{20}$

    einer vollen Gebühr nach Tabelle A (Anlage 1); Gegenstandswert ist das Rohvermögen, jedoch bei natürlichen Personen mindestens **12 500 Euro** und bei Körperschaften, Personenvereinigungen und Vermögensmassen mindestens **25 000 Euro;**

11. der Erklärung zur gesonderten Feststellung des gemeinen Wertes nicht notierter Anteile an Kapitalgesellschaften $^1/_{20}$ bis $^{18}/_{20}$

   einer vollen Gebühr nach Tabelle A (Anlage 1); Gegenstandswert ist die Summe der Anteilswerte, jedoch mindestens **25 000 Euro;**

12. der Erbschaftsteuererklärung ohne Ermittlung der Zugewinnausgleichsforderung nach § 5 des Erbschaftsteuergesetzes $^2/_{10}$ bis $^{10}/_{10}$

   einer vollen Gebühr nach Tabelle A (Anlage 1); Gegenstandswert ist der Wert des Erwerbs von Todes wegen vor Abzug der Schulden und Lasten, jedoch mindestens **12 500 Euro;**

13. der Schenkungsteuererklärung $^2/_{10}$ bis $^{10}/_{10}$

   einer vollen Gebühr nach Tabelle A (Anlage 1); Gegenstandswert ist der Rohwert der Schenkung, jedoch mindestens **12 500 Euro;**

14. der Kapitalertragsteuererklärung $^1/_{20}$ bis $^6/_{20}$

   einer vollen Gebühr nach Tabelle A (Anlage 1); Gegenstandswert ist die Summe der kapitalertragsteuerpflichtigen Kapitalerträge, jedoch mindestens **3000 Euro;**

15. der Lohnsteueranmeldung   /s. § 34 VI $^1/_{20}$ bis $^6/_{20}$

   einer vollen Gebühr nach Tabelle A (Anlage 1); Gegenstandswert sind 20 vom Hundert der Arbeitslöhne einschließlich sonstiger Bezüge, jedoch mindestens **1000 Euro;**

16. von Steuererklärungen auf dem Gebiet der Zölle und der Verbrauchsteuern, die als Einfuhrabgaben erhoben werden, $^1/_{10}$ bis $^3/_{10}$

   einer vollen Gebühr nach Tabelle A (Anlage 1); Gegenstandswert ist der Betrag, der sich bei Anwendung der höchsten in Betracht kommenden Abgabensätze auf die den Gegenstand der Erklärung bildenden Waren ergibt, jedoch mindestens **1000 Euro;**

17. von Anmeldungen oder Erklärungen auf dem Gebiete der Verbrauchsteuern, die nicht als Einfuhrabgaben erhoben werden, $^1/_{10}$ bis $^3/_{10}$

   einer vollen Gebühr nach Tabelle A (Anlage 1); Gegenstandswert ist für eine Steueranmeldung der angemeldete Betrag und für eine Steuererklärung der festgesetzte Betrag, jedoch mindestens **1000 Euro;**

18. von Anträgen auf Gewährung einer Verbrauchsteuervergütung oder einer einzelgesetzlich geregelten Verbrauchsteuererstattung, sofern letztere nicht in der monatlichen Steuererklärung oder Steueranmeldung geltend zu machen ist, $^1/_{10}$ bis $^3/_{10}$

   einer vollen Gebühr nach Tabelle A (Anlage 1); Gegenstandswert ist die beantragte Vergütung oder Erstattung, jedoch mindestens **1000 Euro;**

19. von Anträgen auf Gewährung einer Investitionszulage $^1/_{10}$ bis $^6/_{10}$
    einer vollen Gebühr nach Tabelle A (Anlage 1); Gegenstands-
    wert ist die Bemessungsgrundlage;

20.[1]

21. von Anträgen auf Vergütung der abziehbaren Vorsteuer-
    beträge an im Ausland ansässige Unternehmer $^1/_{10}$ bis $^6/_{10}$
    einer vollen Gebühr nach Tabelle A (Anlage 1); Gegenstandswert
    ist die beantragte Vergütung, jedoch mindestens **1000 Euro**;

22. von Anträgen auf Erstattung von Kapitalertragsteuer und
    Vergütung der anrechenbaren Körperschaftsteuer $^1/_{10}$ bis $^6/_{10}$
    einer vollen Gebühr nach Tabelle A (Anlage 1); Gegenstandswert
    ist die beantragte Erstattung, jedoch mindestens **1000 Euro**;

23. von Anträgen nach Abschnitt X des Einkommensteuergesetzes $^2/_{10}$ bis $^{10}/_{10}$
    einer vollen Gebühr nach Tabelle A (Anlage 1); Gegen-
    standswert ist das beantragte Jahreskindergeld;

24. von Anträgen nach dem Eigenheimzulagengesetz $^2/_{10}$ bis $^{10}/_{10}$
    einer vollen Gebühr nach Tabelle A (Anlage 1); Gegen-
    standswert ist die beantragte Eigenheimzulage.

(2) Für die Ermittlung der Zugewinnausgleichsforderung nach § 5 des Erbschaftsteuergesetzes erhält der Steuerberater 5 Zehntel bis 15 Zehntel einer
vollen Gebühr nach Tabelle A (Anlage 1); Gegenstandswert ist der ermittelte
Betrag, jedoch mindestens **12 500 Euro**.

(3) Für einen Antrag auf Lohnsteuerermäßigung (Antrag auf Eintragung
von Freibeträgen) erhält der Steuerberater $^1/_{20}$ bis $^4/_{20}$ einer vollen Gebühr nach
Tabelle A (Anlage 1); Gegenstandswert ist der voraussichtliche Jahresarbeits-
lohn; er beträgt mindestens **4500 Euro**.

(4) Der Steuerberater erhält die Zeitgebühr

1. für die Ausfertigung einer Erklärung zur Hauptfeststellung, Fortschreibung
   oder Nachfeststellung der Einheitswerte für Grundbesitz;
2. für Arbeiten zur Feststellung des verrechenbaren Verlustes gemäß § 15 a des
   Einkommensteuergesetzes;
3. für die Anfertigung einer Meldung über die Beteiligung an ausländischen
   Körperschaften, Vermögensmassen und Personenvereinigungen und an
   ausländischen Personengesellschaften;[2]
4. für die Anfertigung eines Erstattungsantrages nach § 50 Abs. 5 Satz 4 Nr. 3
   des Einkommensteuergesetzes;
5. für die Anfertigung einer Anmeldung nach § 50 a Abs. 5 des Einkommensteuergesetzes, § 73 e der Einkommensteuer-Durchführungsverordnung.

---

1) Nr. 20 betraf das Berlinförderungsgesetz und wurde wegen des Wegfalls der Herstellerpräferenzen
   des Berlinförderungsgesetzes und des damit verbundenen Antragsverfahrens gestrichen.
2) Die Finanzämter fordern die entsprechenden Meldungen zur steuerlichen Erfassung solcher
   Auslandsbeteiligungen an. Die Tätigkeiten zur Ermittlung der entsprechenden Sachverhalte sind
   gebührenpflichtig.

§ 25 Ermittlung des Überschusses der Betriebseinnahmen über die Betriebsausgaben

(1) [1]Die Gebühr für die Ermittlung des Überschusses der Betriebseinnahmen über die Betriebsausgaben bei den Einkünften aus Land- und Forstwirtschaft, Gewerbebetrieb oder selbstständiger Arbeit beträgt 5 Zehntel bis 20 Zehntel einer vollen Gebühr nach Tabelle B (Anlage 2). [2]Gegenstandswert ist der jeweils höhere Betrag, der sich aus der Summe der Betriebseinnahmen oder der Summe der Betriebsausgaben ergibt, jedoch mindestens 12 500 Euro[1].

(2) Für Vorarbeiten, die über das übliche Maß erheblich hinausgehen, erhält der Steuerberater die Zeitgebühr.

(3) Sind bei mehreren Einkünften aus derselben Einkunftsart die Überschüsse getrennt zu ermitteln, so erhält der Steuerberater die Gebühr nach Absatz 1 für jede Überschussrechnung.

§ 26 Ermittlung des Gewinns aus Land- und Forstwirtschaft nach Durchschnittssätzen

(1) [1]Die Gebühr für die Ermittlung des Gewinns nach Durchschnittssätzen beträgt 5 Zehntel bis 20 Zehntel einer vollen Gebühr nach Tabelle B (Anlage 2). [2]Gegenstandswert ist der Ausgangswert nach § 13a Abs. 4 einschließlich der Summe der Sondergewinne nach § 13a Abs. 8 des Einkommensteuergesetzes.

(2) Sind für mehrere land- und forstwirtschaftliche Betriebe desselben Auftraggebers die Gewinne nach Durchschnittssätzen getrennt zu ermitteln, so erhält der Steuerberater die Gebühr nach Absatz 1 für jede Gewinnermittlung.

§ 27 Ermittlung des Überschusses der Einnahmen über die Werbungskosten

(1) [1]Die Gebühr für die Ermittlung des Überschusses der Einnahmen über die Werbungskosten bei den Einkünften aus nichtselbstständiger Arbeit, Kapitalvermögen, Vermietung und Verpachtung oder sonstigen Einkünften beträgt 1 Zwanzigstel bis 12 Zwanzigstel einer vollen Gebühr nach Tabelle A (Anlage 1). [2]Gegenstandswert ist der jeweils höhere Betrag, der sich aus der Summe der Einnahmen oder der Summe der Werbungskosten ergibt, jedoch mindestens 6000 Euro[2].

(2) Beziehen sich die Einkünfte aus Vermietung und Verpachtung auf mehrere Grundstücke oder sonstige Wirtschaftsgüter und ist der Überschuss der Einnahmen über die Werbungskosten jeweils getrennt zu ermitteln, so erhält der Steuerberater die Gebühr nach Absatz 1 für jede Überschussrechnung.

---

1) Die Mindestgebühr wurde im Verhältnis 2 DM zu 1 Euro umgestellt.
2) Der Mindestbetrag für den Gegenstandswert wurde im Verhältnis 2 DM zu 1 Euro umgestellt.

§ 28 Prüfung von Steuerbescheiden

Für die Prüfung eines Steuerbescheids erhält der Steuerberater die Zeitgebühr.

§ 29 Teilnahme an Prüfungen

Der Steuerberater erhält

1. für die Teilnahme an einer Prüfung, insbesondere an einer Außenprüfung (§ 193 der Abgabenordnung) einschließlich der Schlussbesprechung und der Prüfung des Prüfungsberichts, an einer Ermittlung der Besteuerungsgrundlagen (§ 208 der Abgabenordnung) oder an einer Maßnahme der Steueraufsicht (§§ 209 bis 217 der Abgabenordnung) die Zeitgebühr;
2. für schriftliche Einwendungen gegen den Prüfungsbericht 5 Zehntel bis 10 Zehntel einer vollen Gebühr nach Tabelle A (Anlage 1).

§ 30 Selbstanzeige

Für die Tätigkeit im Verfahren der Selbstanzeige (§§ 371 und 378 Abs. 3 der Abgabenordnung) einschließlich der Ermittlungen zur Berichtigung, Ergänzung oder Nachholung der Angaben erhält der Steuerberater 10 Zehntel bis 30 Zehntel einer vollen Gebühr nach Tabelle A (Anlage 1).

§ 31 Besprechungen

[1]Für Besprechungen mit Behörden oder mit Dritten in abgabenrechtlichen Sachen erhält der Steuerberater 5 Zehntel bis 10 Zehntel einer vollen Gebühr nach Tabelle A (Anlage 1). [2]§ 42 Abs. 2 gilt entsprechend.

Fünfter Abschnitt
Gebühren für die Hilfeleistung bei der Erfüllung steuerlicher Buchführungs- und Aufzeichnungspflichten

§ 32 Einrichtung einer Buchführung

Für die Hilfeleistung bei der Einrichtung einer Buchführung erhält der Steuerberater die Zeitgebühr.

§ 33 Buchführung

(1) Für die Buchführung einschließlich des Kontierens der Belege beträgt die Monatsgebühr $2/_{10}$ bis $12/_{10}$ einer vollen Gebühr nach Tabelle C (Anlage 3).

(2) Für das Kontieren der Belege beträgt die Monatsgebühr $1/_{10}$ bis $6/_{10}$ einer vollen Gebühr nach Tabelle C (Anlage 3).

(3) Für die Buchführung nach vom Auftraggeber kontierten Belegen oder erstellten Kontierungsunterlagen beträgt die Monatsgebühr einer vollen Gebühr nach Tabelle C (Anlage 3). $^1/_{10}$ bis $^6/_{10}$

(4) Für die Buchführung nach vom Auftraggeber erstellten Eingaben für die Datenverarbeitung und mit beim Auftraggeber eingesetzten Datenverarbeitungsprogrammen des Steuerberaters erhält der Steuerberater neben der Vergütung für die Datenverarbeitung und für den Einsatz der Datenverarbeitungsprogramme eine Monatsgebühr von einer vollen Gebühr nach Tabelle C (Anlage 3). $^1/_{20}$ bis $^{10}/_{20}$

(5) Für die laufende Überwachung der Buchführung des Auftraggebers beträgt die Monatsgebühr einer vollen Gebühr nach Tabelle C (Anlage 3). $^1/_{10}$ bis $^6/_{10}$

(6) Gegenstandswert ist der jeweils höchste Betrag, der sich aus dem Jahresumsatz oder aus der Summe des Aufwandes ergibt.

(7) Für die Hilfeleistung bei sonstigen Tätigkeiten im Zusammenhang mit der Buchführung erhält der Steuerberater die Zeitgebühr.

(8) Mit der Gebühr nach den Absätzen 1, 3 und 4 sind die Gebühren für die Umsatzsteuervoranmeldung (§ 24 Abs. 1 Nr. 7) abgegolten.

§ 34 Lohnbuchführung[1]

(1) Für die erstmalige Einrichtung von Lohnkonten und die Aufnahme der Stammdaten erhält der Steuerberater eine Gebühr von **2,60 bis 9 Euro**[2] je Arbeitnehmer.

(2) Für die Führung von Lohnkonten und die Anfertigung der Lohnabrechnung erhält der Steuerberater eine Gebühr von **2,60 bis 15 Euro**[2] je Arbeitnehmer und Abrechnungszeitraum.

(3) Für die Führung von Lohnkonten und die Anfertigung der Lohnabrechnung nach vom Auftraggeber erstellten Buchungsunterlagen erhält der Steuerberater eine Gebühr von **1 bis 5 Euro**[3] je Arbeitnehmer und Abrechnungszeitraum.

(4) Für die Führung von Lohnkonten und die Anfertigung der Lohnabrechnung nach vom Auftraggeber erstellten Eingaben für die Datenverarbeitung und mit beim Auftraggeber eingesetzten Datenverarbeitungsprogrammen des Steuerberaters erhält der Steuerberater neben der Vergütung für die Datenver-

---

1) Nach der Gesetzesbegründung sollten die Werte des Gebührenrahmens nach dem offiziellen Euro-Kurs umgerechnet und kaufmännisch auf- oder abgerundet werden. Dabei wurde teilweise auf volle 10 Cent gerundet, teilweise auf volle Euro-Beträge.
2) Bei der Umstellung wurde de facto der untere Grenzwert durch Rundung auf volle 10 Cent gegenüber dem DM-Betrag geringfügig erhöht, der obere durch die Rundung auf den vollen Betrag im Verhältnis 2 DM zu 1 Euro umgestellt.
3) De facto erfolgte eine Umstellung im Verhältnis 2 DM zu 1 Euro.

arbeitung und für den Einsatz der Datenverarbeitungsprogramme eine Gebühr von **0,50 bis 2,60 Euro**[1] je Arbeitnehmer und Abrechnungszeitraum.

(5) Für die Hilfeleistung bei sonstigen Tätigkeiten im Zusammenhang mit dem Lohnsteuerabzug und der Lohnbuchführung erhält der Steuerberater die Zeitgebühr.

(6) Mit der Gebühr nach den Absätzen 2 bis 4 sind die Gebühren für die Lohnsteueranmeldung (§ 24 Abs. 1 Nr. 15) abgegolten.

§ 35   Abschlussarbeiten

(1) Die Gebühr beträgt für

1. a) die Aufstellung eines Jahresabschlusses (Bilanz und Gewinn-
und Verlustrechnung) $^{10}/_{10}$ bis $^{40}/_{10}$
   b) die Erstellung eines Anhangs $^{2}/_{10}$ bis $^{12}/_{10}$
   c) die Erstellung eines Lageberichts $^{2}/_{10}$ bis $^{12}/_{10}$
2. die Aufstellung eines Zwischenabschlusses oder eines vorläu-
figen Abschlusses (Bilanz und Gewinn- und Verlustrechnung) $^{5}/_{10}$ bis $^{12}/_{10}$
3. die Entwicklung einer Steuerbilanz aus der Handelsbilanz
oder die Ableitung des steuerlichen Ergebnisses vom Han-
delsbilanzergebnis $^{5}/_{10}$ bis $^{12}/_{10}$
4. die Aufstellung einer Eröffnungsbilanz $^{5}/_{10}$ bis $^{12}/_{10}$
5. die Aufstellung einer Auseinandersetzungsbilanz $^{5}/_{10}$ bis $^{20}/_{10}$
6. den schriftlichen Erläuterungsbericht zu Tätigkeiten nach
den Nummern 1 bis 5 $^{2}/_{10}$ bis $^{12}/_{10}$
7. a) die beratende Mitwirkung bei der Aufstellung eines Jahresabschlusses (Bilanz und Gewinn- und Verlustrechnung) $^{2}/_{10}$ bis $^{10}/_{10}$
   b) die beratende Mitwirkung bei der Feststellung eines An-
hangs $^{2}/_{10}$ bis $^{4}/_{10}$
   c) die beratende Mitwirkung bei der Erstellung eines Lageberichts $^{2}/_{10}$ bis $^{4}/_{10}$
8. die Zusammenstellung eines Jahresabschlusses (Bilanz und
Gewinn- und Verlustrechnung) aus übergebenen Endzahlen
(ohne Vornahme von Prüfungsarbeiten) $^{2}/_{10}$ bis $^{6}/_{10}$

einer vollen Gebühr nach Tabelle B (Anlage 2).

(2) [1]Gegenstandswert ist

1. in den Fällen des Absatzes 1 Nr. 1 bis 3, 7 und 8 das Mittel zwischen der berichtigten Bilanzsumme und der betrieblichen Jahresleistung;
2. in den Fällen des Absatzes 1 Nr. 4 und 5 die berichtigte Bilanzsumme;
3. in den Fällen des Absatzes 1 Nr. 6 der Gegenstandswert, der für die dem Erläuterungsbericht zugrunde liegenden Abschlussarbeiten maßgeblich ist.

---

1) Die Grenzwerte wurden nach dem offiziellen Euro-Kurs umgerechnet und auf volle 10 Cent gerundet.

[2]Die berichtigte Bilanzsumme ergibt sich aus der Summe der Posten der Aktivseite der Bilanz zuzüglich Privatentnahmen und offener Ausschüttungen, abzüglich Privateinlagen, Kapitalerhöhungen durch Einlagen und Wertberichtigungen. [3]Die betriebliche Jahresleistung umfasst Umsatzerlöse, sonstige betriebliche Erträge, Erträge aus Beteiligungen, Erträge aus anderen Wertpapieren und Ausleihungen des Finanzanlagevermögens, sonstige Zinsen und ähnliche Erträge, Veränderungen des Bestands an fertigen und unfertigen Erzeugnissen, andere aktivierte Eigenleistungen sowie außerordentliche Erträge. [4]Ist der betriebliche Jahresaufwand höher als die betriebliche Jahresleistung, so ist dieser der Berechnung des Gegenstandswerts zugrunde zu legen. [5]Betrieblicher Jahresaufwand ist die Summe der Betriebsausgaben einschließlich der Abschreibungen. [6]Bei der Berechnung des Gegenstandswerts ist eine negative berichtigte Bilanzsumme als positiver Wert anzusetzen. [7]Übersteigen die betriebliche Jahresleistung oder der höhere betriebliche Jahresaufwand das 5fache der berichtigten Bilanzsumme, so bleibt der übersteigende Betrag bei der Ermittlung des Gegenstandswerts außer Ansatz. [8]Der Gegenstandswert besteht nur aus der berichtigten Bilanzsumme, wenn die betriebliche Jahresleistung geringer als **3000 Euro**[1] ist. [9]Der Gegenstandswert besteht nur aus der betrieblichen Jahresleistung, wenn die berichtigte Bilanzsumme geringer als **3000 Euro**[1] ist.

(3) Für die Anfertigung oder Berichtigung von Inventurunterlagen und für sonstige Abschlussvorarbeiten bis zur abgestimmten Saldenbilanz erhält der Steuerberater die Zeitgebühr.

§ 36 Steuerliches Revisionswesen

(1) Der Steuerberater erhält für die Prüfung einer Buchführung, einzelner Konten oder einer Überschussrechnung für steuerliche Zwecke und für die Berichterstattung hierüber die Zeitgebühr.

(2) [1]Der Steuerberater erhält

1. für die Prüfung einer Bilanz, einer Gewinn- und Verlustrechnung, eines Anhangs, eines Lageberichts oder einer sonstigen Vermögensrechnung für steuerliche Zwecke $^2/_{10}$ bis $^{10}/_{10}$ einer vollen Gebühr nach Tabelle B (Anlage 2) sowie die Zeitgebühr;

2. für die Berichterstattung über eine Tätigkeit nach Nummer 1 die Zeitgebühr. [2]Der Gegenstandswert bemisst sich nach § 35 Abs. 2.

§ 37 Vermögensstatus, Finanzstatus für steuerliche Zwecke

[1]Die Gebühr beträgt für

1. die Erstellung eines Vermögensstatus oder Finanzstatus $^5/_{10}$ bis $^{15}/_{10}$

2. die Erstellung eines Vermögensstatus oder Finanzstatus aus übergebenen Endzahlen (ohne Vornahme von Prüfungsarbeiten) $^2/_{10}$ bis $^6/_{10}$

3. den schriftlichen Erläuterungsbericht zu den Tätigkeiten nach Nummer 1 $^1/_{10}$ bis $^6/_{10}$

---

1) Die Grenzbeträge für den Gegenstandswert wurden im Verhältnis 2 DM zu 1 Euro umgestellt.

einer vollen Gebühr nach Tabelle B (Anlage 2). [2]Gegenstandswert ist für die Erstellung eines Vermögensstatus die Summe der Vermögenswerte, für die Erstellung eines Finanzstatus die Summe der Finanzwerte.

§ 38 Erteilung von Bescheinigungen

(1) [1]Der Steuerberater erhält für die Erteilung einer Bescheinigung über die Beachtung steuerrechtlicher Vorschriften in Vermögensübersichten und Erfolgs-rechnungen 1 Zehntel bis 6 Zehntel einer vollen Gebühr nach Tabelle B (Anlage 2). [2]Der Gegenstandswert bemisst sich nach § 35 Abs. 2.

(2) Der Steuerberater erhält für die Mitwirkung an der Erteilung von Steuer-bescheinigungen die Zeitgebühr.

§ 39 Buchführungs- und Abschlussarbeiten für land- und forstwirtschaftliche Betriebe

(1) Für Angelegenheiten, die sich auf land- und forstwirtschaftliche Betriebe beziehen, gelten abweichend von den §§ 32, 33, 35 und 36 die Absätze 2 bis 7.

(2) [1]Die Gebühr beträgt für

1. laufende Buchführungsarbeiten einschließlich Kontieren der Belege jährlich $3/10$ bis $20/10$
2. die Buchführung nach vom Auftraggeber kontierten Belegen oder erstellten Kontierungsunterlagen jährlich $3/20$ bis $20/20$
3. die Buchführung nach vom Auftraggeber erstellten Datenträ-gern oder anderen Eingabemitteln für die Datenverarbeitung und für den Einsatz der Datenverarbeitungsprogramme neben der Vergütung für die Datenverarbeitung jährlich $1/20$ bis $16/20$
4. die laufende Überwachung der Buchführung jährlich $1/10$ bis $6/10$

einer vollen Gebühr nach Tabelle D (Anlage 4). [2]Die volle Gebühr ist die Summe der Gebühren nach Tabelle D Teil a und Tabelle D Teil b.

(3) [1]Die Gebühr beträgt für

1. die Abschlussvorarbeiten $1/10$ bis $5/10$
2. die Aufstellung eines Abschlusses $3/10$ bis $10/10$
3. die Entwicklung eines steuerlichen Abschlusses aus dem be-triebswirtschaftlichen Abschluss oder aus der Handelsbilanz oder die Ableitung des steuerlichen Ergebnisses vom Ergebnis des betriebswirtschaftlichen Abschlusses oder der Handelsbilanz $3/20$ bis $10/20$
4. die beratende Mitwirkung bei der Erstellung eines Abschlus-ses $1/20$ bis $10/20$
5. die Prüfung eines Abschlusses für steuerliche Zwecke $1/10$ bis $8/10$
6. den schriftlichen Erläuterungsbericht zum Abschluss $1/10$ bis $8/10$

einer vollen Gebühr nach Tabelle D (Anlage 4). [2]Die volle Gebühr ist die Summe der Gebühren nach Tabelle D Teil a und Tabelle D Teil b.

(4) Die Gebühr beträgt für
1. die Hilfeleistung bei der Einrichtung einer Buchführung $^1/_{10}$ bis $^6/_{10}$
2. die Erfassung der Anfangswerte bei Buchführungsbeginn $^3/_{10}$ bis $^{15}/_{10}$
einer vollen Gebühr nach Tabelle D Teil a (Anlage 4).

(5) [1]Gegenstandswert ist für die Anwendung der Tabelle D Teil a die Betriebsfläche. [2]Gegenstandswert für die Anwendung der Tabelle D Teil b ist der Jahresumsatz zuzüglich der Privateinlagen, mindestens jedoch die Höhe der Aufwendungen zuzüglich der Privatentnahmen. [3]Im Falle des Absatzes 3 vermindert sich der **100 000 Euro**[1] übersteigende Betrag auf die Hälfte.

(6) Bei der Errechnung der Betriebsfläche (Absatz 5) ist
1. bei einem Jahresumsatz bis zu **1000 Euro**[1] je Hektar   das Einfache,
2. bei einem Jahresumsatz über **1000 Euro**[1] je Hektar   das Vielfache,
das sich aus dem durch **1000** geteilten Betrag des Jahresumsatzes je Hektar ergibt,
3. bei forstwirtschaftlich genutzten Flächen   die Hälfte,
4. bei Flächen mit bewirtschafteten Teichen   die Hälfte,
5. bei durch Verpachtung genutzten Flächen   ein Viertel
der tatsächlich genutzten Flächen anzusetzen.

(7) Mit der Gebühr nach Absatz 2 Nr. 1, 2 und 3 ist die Gebühr für die Umsatzsteuervoranmeldungen (§ 24 Abs. 1 Nr. 7) abgegolten.

Sechster Abschnitt
Gebühren für die Vertretung
im außergerichtlichen Rechtsbehelfsverfahren und
im Verwaltungsvollstreckungsverfahren

§ 40   Verfahren vor Verwaltungsbehörden

(1) Für die Vertretung im Rechtsbehelfsverfahren vor Verwaltungsbehörden erhält der Steuerberater
1. die Geschäftsgebühr (§ 41),
2. die Besprechungsgebühr (§ 42),
3. die Beweisaufnahmegebühr (§ 43).

(2) Erledigt sich eine Angelegenheit ganz oder teilweise nach Rücknahme, Widerruf, Aufhebung, Änderung oder Berichtigung des mit einem Rechtsbehelf angefochtenen Verwaltungsaktes, so erhält der Steuerberater, der bei der Erledigung mitgewirkt hat, eine Gebühr von $^{10}/_{10}$ einer vollen Gebühr nach Tabelle E (Anlage 5).

---

1) Die Beträge wurden im Verhältnis 2 DM zu 1 Euro umgestellt.

§ 41 Geschäftsgebühr

(1) Die Geschäftsgebühr beträgt 5 Zehntel bis 10 Zehntel einer vollen Gebühr nach Tabelle E (Anlage 5).

(2) Durch die Geschäftsgebühr wird das Betreiben des Geschäfts einschließlich der Information, der Einreichung und der Begründung des Rechtsbehelfs abgegolten.

(3) Die Geschäftsgebühr ermäßigt sich auf 3 bis 8 Zehntel einer vollen Gebühr nach Tabelle E (Anlage 5), wenn der Steuerberater in dem Verwaltungsverfahren, das dem Verfahren nach § 40 vorausgeht, Gebühren nach § 28 erhält.

(4) Die Geschäftsgebühr ermäßigt sich auf 1 bis 3 Zehntel einer vollen Gebühr nach Tabelle E (Anlage 5), wenn der Steuerberater im Zusammenhang mit dem Verfahren nach § 40 Gebühren nach § 24 erhält.

(5) Erhält der Steuerberater in dem Verwaltungsverfahren, das dem Verfahren nach § 40 vorausgeht, Gebühren nach § 23, so darf die Summe dieser Gebühren und der Gebühr nach Absatz 1 10 Zehntel einer vollen Gebühr nach Tabelle E (Anlage 5) nicht übersteigen.

(6) [1]Wird der Steuerberater in derselben Angelegenheit für mehrere Auftraggeber tätig und ist der Gegenstand der beruflichen Tätigkeit derselbe, so erhöht sich die Geschäftsgebühr durch jeden weiteren Auftraggeber um 3 Zehntel, in den Fällen des Absatzes 3 um 2 Zehntel und in den Fällen des Absatzes 4 um 1 Zehntel. [2]Die Erhöhung wird nach dem Betrag berechnet, an dem die Auftraggeber gemeinschaftlich beteiligt sind. [3]Mehrere Erhöhungen dürfen den Betrag von 20 Zehnteln, in den Fällen des Absatzes 3 den Betrag von 16 Zehnteln und in den Fällen des Absatzes 4 den Betrag von 6 Zehnteln einer vollen Gebühr nach Tabelle E (Anlage 5) nicht übersteigen.

§ 42 Besprechungsgebühr

(1) Die Besprechungsgebühr beträgt 5 Zehntel bis 10 Zehntel einer vollen Gebühr nach Tabelle E (Anlage 5).

(2) [1]Die Besprechungsgebühr entsteht, wenn der Steuerberater an einer Besprechung über tatsächliche oder rechtliche Fragen mitwirkt, die von der Behörde angeordnet ist oder im Einverständnis mit dem Auftraggeber mit der Behörde oder einem Dritten geführt wird. [2]Der Steuerberater erhält diese Gebühr nicht für eine mündliche oder fernmündliche Nachfrage.

(3) Erhält der Steuerberater in dem Verwaltungsverfahren, das dem Verfahren nach § 40 vorausgeht, eine Gebühr nach § 31, so darf die Summe dieser Gebühr und der Gebühr nach Absatz 1 10 Zehntel einer vollen Gebühr nach Tabelle E (Anlage 5) nicht übersteigen.

§ 43 Beweisaufnahmegebühr

(1) Die Beweisaufnahmegebühr beträgt 5 Zehntel bis 10 Zehntel einer vollen Gebühr nach Tabelle E (Anlage 5).

(2) Die Beweisaufnahmegebühr entsteht, wenn der Steuerberater bei einer Beweisaufnahme mitwirkt, die von einer Behörde angeordnet worden ist.

(3) Der Steuerberater erhält die Beweisaufnahmegebühr nicht, wenn die Beweisaufnahme lediglich in der Vorlegung der in den Händen des Auftraggebers oder der Behörde befindlichen Urkunden besteht.

(4) Werden Akten oder Urkunden beigezogen, so erhält der Steuerberater die Beweisaufnahmegebühr nur, wenn die Akten oder Urkunden erkennbar zum Beweis beigezogen oder als Beweis verwertet werden.

§ 44 Verwaltungsvollstreckungsverfahren, Aussetzung der Vollziehung

(1) Im Verwaltungsvollstreckungsverfahren erhält der Steuerberater je 3 Zehntel der vollen Gebühr nach Tabelle E (Anlage 5) als Geschäftsgebühr, Besprechungsgebühr und Beweisaufnahmegebühr.

(2) Das Verwaltungsverfahren auf Aussetzung der Vollziehung oder auf Beseitigung der aufschiebenden oder hemmenden Wirkung ist zusammen mit den in Absatz 1 und in § 40 genannten Verfahren eine Angelegenheit.

Siebenter Abschnitt
Gerichtliche und andere Verfahren

§ 45 Vergütung in gerichtlichen und anderen Verfahren

Auf die Vergütung des Steuerberaters im Verfahren vor den Gerichten der Finanzgerichtsbarkeit und der Verwaltungsgerichtsbarkeit, im Strafverfahren, berufsgerichtlichen Verfahren, Bußgeldverfahren und in Gnadensachen sind die Vorschriften der Bundesgebührenordnung für Rechtsanwälte sinngemäß anzuwenden.

§ 46 Vergütung bei Prozesskostenhilfe

Für die Vergütung des im Wege der Prozesskostenhilfe beigeordneten Steuerberaters gelten die Vorschriften der Bundesgebührenordnung für Rechtsanwälte sinngemäß.

Achter Abschnitt
Übergangs- und Schlussvorschriften

§ 47 Anwendung

(1) Diese Verordnung ist erstmals anzuwenden auf
1. Angelegenheiten, mit deren Bearbeitung nach dem Inkrafttreten dieser Verordnung begonnen wird,
2. die Vertretung in Verfahren vor Verwaltungsbehörden, wenn das Verfahren nach Inkrafttreten dieser Verordnung beginnt.

(2) Hat der Steuerberater vor der Verkündung der Verordnung mit dem Auftraggeber schriftliche Vereinbarungen getroffen, die den Vorschriften dieser Verordnung nicht entsprechen, so ist insoweit diese Verordnung spätestens zwei Jahre nach ihrem Inkrafttreten anzuwenden.

§ 47a Übergangsvorschrift für Änderungen dieser Verordnung

[1]Die Vergütung ist nach bisherigem Recht zu berechnen, wenn der Auftrag zur Erledigung der Angelegenheit vor dem Inkrafttreten einer Änderung der Verordnung erteilt worden ist. [2]Hat der Steuerberater mit dem Auftraggeber schriftliche Vereinbarungen über auszuführende Tätigkeiten mit einer Geltungsdauer von mindestens einem Jahr getroffen oder eine Pauschalvergütung im Sinne des § 14 vereinbart und tritt während der Geltungsdauer dieser Vereinbarung eine Änderung der Verordnung in Kraft, so ist die Vergütung bis zum Ablauf des Jahres, in dem eine Änderung der Verordnung in Kraft tritt, nach bisherigem Recht zu berechnen. [3]Die Sätze 1 und 2 gelten auch, wenn Vorschriften geändert werden, auf die diese Verordnung verweist.

§ 48[1]

§ 49[2] Inkrafttreten

Diese Verordnung tritt am 1. April 1982 in Kraft.

---

1) § 48 betraf die Berlin-Klausel, die durch Verordnung vom 21. 6. 1991 (BGBl. S. 1370) aufgehoben wurde.
2) § 49 stellt auf das Inkrafttreten der Ausgangsverordnung ab. Die darauf erfolgten Änderungen traten zu den dort genannten Zeitpunkten in Kraft.

Hinweis zur Benutzung nachfolgender Tabellen

Alle Werte sind *bis einschließlich* angegeben. In den Tabellen A, B, C, D Teil b und E handelt es sich um Euro-Werte, in der Tabelle D Teil a um Hektar-Werte. Für die gängigen Gebühren sind in folgender Reihenfolge ausgewiesen: Gebühr (Euro), Entgeltpauschale nach § 16, Umsatzsteuer von 16% nach § 15, Summe aus den genannten Positionen.

Beispiel:
Der Steuerberater hat eine Beratung durchgeführt, der ein Gegenstandswert von 500 Euro zugrunde lag. Nach § 21 Abs. 1 Satz 1 steht ihm eine Beratungsgebühr in Höhe von 1 Zehntel bis 10 Zehntel der vollen Gebühr nach Tabelle A (Beratungsgebühr) zu. Ein Fall des § 21 Abs. 1 Satz 2 soll nicht vorliegen. Er will auf der Grundlage einer Gebühr von $^5/_{10}$ eine Rechnung stellen.

Die einzelnen Werte entnimmt er der Beratungstabelle aus dem Wert (bis) 600 Euro wie folgt:

22,50 Euro (Gebühr)
 3,38 Euro (Entgeltpauschale)
 <u>4,14 Euro (Umsatzsteuer)</u>
30,02 Euro (Summe)

Tabelle A (Beratungstabelle)[1]

Wert bis	1/10	2/10	3/10	4/10	5/10	6/10	7/10	8/10	9/10	10/10	15/10	20/10	30/10
	1/20	2/20	4/20	6/20	8/20	10/20	12/20	14/20	16/20	18/20			
300	1,25*	2,50*	5,00*	7,50*	10,00	12,50	15,00	17,50	20,00	22,50	25,00	37,50	50,00	75,00
	0,19	0,38	0,75	1,13	1,50	1,88	2,25	2,63	3,00	3,38	3,75	5,63	7,50	11,25
	0,23	0,46	0,92	1,38	1,84	2,30	2,76	3,22	3,68	4,14	4,60	6,90	9,20	13,80
	1,67	**3,34**	**6,67**	**10,01**	**13,34**	**16,68**	**20,01**	**23,35**	**26,68**	**30,02**	**33,35**	**50,03**	**66,70**	**100,05**
600	2,25*	4,50*	9,00*	13,50	18,00	22,50	27,00	31,50	36,00	40,50	45,00	67,50	90,00	135,00
	0,34	0,68	1,35	2,03	2,70	3,38	4,05	4,72	5,40	6,08	6,75	10,13	13,50	20,00
	0,41	0,83	1,66	2,48	3,31	4,14	4,97	5,80	6,62	7,45	8,28	12,42	16,56	24,80
	3,00	**6,01**	**12,01**	**18,01**	**24,01**	**30,02**	**36,02**	**42,02**	**48,02**	**54,03**	**60,03**	**90,05**	**120,06**	**179,80**
900	3,25*	6,50*	13,00	19,50	26,00	32,50	39,00	45,50	52,00	58,50	65,00	97,50	130,00	195,00
	0,49	0,98	1,95	2,93	3,90	4,88	5,85	6,83	7,80	8,78	9,75	14,63	19,50	20,00
	0,60	1,20	2,39	3,59	4,78	5,98	7,18	8,37	9,57	10,76	11,96	17,94	23,92	34,40
	4,34	**8,68**	**17,34**	**26,02**	**34,68**	**43,36**	**52,03**	**60,70**	**69,37**	**78,04**	**86,71**	**130,07**	**173,42**	**249,40**
1200	4,25*	8,50*	17,00	25,50	34,00	42,50	51,00	59,50	68,00	76,50	85,00	127,50	170,00	255,00
	0,64	1,27	2,55	3,83	5,10	6,38	7,65	8,93	10,20	11,48	12,75	19,13	20,00	20,00
	0,78	1,56	3,13	4,69	6,26	7,82	9,38	10,95	12,51	14,08	15,64	23,46	30,40	44,00
	5,67	**11,33**	**22,68**	**34,02**	**45,36**	**56,70**	**68,03**	**79,38**	**90,71**	**102,06**	**113,39**	**170,09**	**220,40**	**319,00**
1500	5,25*	10,50	21,00	31,50	42,00	52,50	63,00	73,50	84,00	94,50	105,00	157,50	210,00	315,00
	0,79	1,58	3,15	4,72	6,30	7,88	9,45	11,03	12,60	14,18	15,75	20,00	20,00	20,00
	0,97	1,93	3,86	5,80	7,73	9,66	11,59	13,52	15,46	17,39	19,32	28,40	36,80	53,60
	7,01	**14,01**	**28,01**	**42,02**	**56,03**	**70,04**	**84,04**	**98,05**	**112,06**	**126,07**	**140,07**	**205,90**	**266,80**	**388,60**
2000	6,65*	13,30	26,60	39,90	53,20	66,50	79,80	93,10	106,40	119,70	133,00	199,50	266,00	399,00
	1,00	2,00	3,99	5,99	7,98	9,98	11,97	13,97	15,96	17,95	19,95	20,00	20,00	20,00
	1,22	2,45	4,89	7,34	9,79	12,24	14,68	17,13	19,58	22,02	24,47	35,12	45,76	67,04
	8,87	**17,75**	**35,48**	**53,23**	**70,97**	**88,72**	**106,45**	**124,20**	**141,94**	**159,67**	**177,42**	**254,62**	**331,76**	**486,04**
2500	8,05*	16,10	32,20	48,30	64,40	80,50	96,60	112,70	128,80	144,90	161,00	241,50	322,00	483,00
	1,21	2,42	4,83	7,25	9,66	12,08	14,49	16,91	19,32	20,00	20,00	20,00	20,00	20,00
	1,48	2,96	5,92	8,89	11,85	14,81	17,77	20,74	23,70	26,38	28,96	41,84	54,72	80,48
	10,74	**21,48**	**42,95**	**64,44**	**85,91**	**107,39**	**128,86**	**150,35**	**171,82**	**191,28**	**209,96**	**303,34**	**396,72**	**583,48**
3000	9,45*	18,90	37,80	56,70	75,60	94,50	113,40	132,30	151,20	170,10	189,00	283,50	378,00	567,00
	1,42	2,84	5,67	8,51	11,34	14,18	17,01	19,85	20,00	20,00	20,00	20,00	20,00	20,00
	1,74	3,48	6,96	10,43	13,91	17,39	20,87	24,34	27,39	30,42	33,44	48,56	63,68	93,92
	12,61	**25,22**	**50,43**	**75,64**	**100,85**	**126,07**	**151,28**	**176,49**	**198,59**	**220,52**	**242,44**	**352,06**	**461,68**	**680,92**
3500	10,85	21,70	43,40	65,10	86,80	108,50	130,20	151,90	173,60	195,30	217,00	325,50	434,00	651,00
	1,63	3,26	6,51	9,76	13,02	16,27	19,53	20,00	20,00	20,00	20,00	20,00	20,00	20,00
	2,00	3,99	7,99	11,98	15,97	19,96	23,96	27,50	30,98	34,45	37,92	55,28	72,64	107,36
	14,48	**28,95**	**57,90**	**86,84**	**115,79**	**144,73**	**173,69**	**199,40**	**224,58**	**249,75**	**274,92**	**400,78**	**526,64**	**778,36**
4000	12,25	24,50	49,00	73,50	98,00	122,50	147,00	171,50	196,00	220,50	245,00	367,50	490,00	735,00
	1,84	3,68	7,35	11,03	14,70	18,38	20,00	20,00	20,00	20,00	20,00	20,00	20,00	20,00
	2,25	4,51	9,02	13,52	18,03	22,54	26,72	30,64	34,56	38,48	42,40	62,00	81,60	120,80
	16,34	**32,69**	**65,37**	**98,05**	**130,73**	**163,42**	**193,72**	**222,14**	**250,56**	**278,98**	**307,40**	**449,50**	**591,60**	**875,80**

* Als selbständige Gebühr: 10 Euro (Mindestgebühr).

1) Die Gegenstandswerte wurden in Anlehnung an die entsprechenden Werte der Tabelle nach § 11 Abs. 1 BRAGO festgesetzt. Es handelt sich dabei im Wesentlichen um eine Umstellung im Verhältnis 2 DM zu 1 Euro, wobei die Euro-Beträge jedoch auf volle 1000 aufgerundet wurden. Die vollen Euro-Gebühren wurden in Anlehnung an die Werte der Tabelle nach § 11 Abs. 1 BRAGO ermittelt. Bei über 290 000 Euro Gegenstandswert wurden die vollen Gebühren im Verhältnis 2 DM zu 1 Euro umgestellt und nach kaufmännischen Regeln auf volle Euro auf – oder abgerundet.

Wert bis	1/20	1/10 2/20	2/10 4/20	3/10 6/20	4/10 8/20	5/10 10/20	6/10 12/20	7/10 14/20	8/10 16/20	9/10 18/20	10/10	15/10	20/10	30/10
4 500	13,65	27,30	54,60	81,90	109,20	136,50	163,80	191,10	218,40	245,70	273,00	409,50	546,00	819,00
	2,05	4,10	8,19	12,29	16,38	20,00	20,00	20,00	20,00	20,00	20,00	20,00	20,00	20,00
	2,51	5,02	10,05	15,07	20,09	25,04	29,41	33,78	38,14	42,51	46,88	68,72	90,56	134,24
	18,21	36,42	72,84	109,26	145,67	181,54	213,21	244,88	276,54	308,21	339,88	498,22	656,56	973,24
5 000	15,05	30,10	60,20	90,30	120,40	150,50	180,60	210,70	240,80	270,90	301,00	451,50	602,00	903,00
	2,26	4,51	9,03	13,55	18,06	20,00	20,00	20,00	20,00	20,00	20,00	20,00	20,00	20,00
	2,77	5,54	11,08	16,62	22,15	27,28	32,10	36,91	41,73	46,54	51,36	75,44	99,52	147,68
	20,08	40,15	80,31	120,47	160,61	197,78	232,70	267,61	302,53	337,44	372,36	546,94	721,52	1070,68
6 000	16,90	33,80	67,60	101,40	135,20	169,00	202,80	236,60	270,40	304,20	338,00	507,00	676,00	1014,00
	2,53	5,07	10,14	15,21	20,00	20,00	20,00	20,00	20,00	20,00	20,00	20,00	20,00	20,00
	3,11	6,22	12,44	18,66	24,83	30,24	35,65	41,06	46,46	51,87	57,28	84,32	111,36	165,44
	22,54	45,09	90,18	135,27	180,03	219,24	258,45	297,66	336,86	376,07	415,28	611,32	807,36	1199,44
7 000	18,75	37,50	75,00	112,50	150,00	187,50	225,00	262,50	300,00	337,50	375,00	562,50	750,00	1125,00
	2,81	5,63	11,25	16,88	20,00	20,00	20,00	20,00	20,00	20,00	20,00	20,00	20,00	20,00
	3,45	6,90	13,80	20,70	27,20	33,20	39,20	45,20	51,20	57,20	63,20	93,20	123,20	183,20
	25,01	50,03	100,05	150,08	197,20	240,70	284,20	327,70	371,20	414,70	458,20	675,70	893,20	1328,20
8 000	20,60	41,20	82,40	123,60	164,80	206,00	247,20	288,40	329,60	370,80	412,00	618,00	824,00	1236,00
	3,09	6,18	12,36	18,54	20,00	20,00	20,00	20,00	20,00	20,00	20,00	20,00	20,00	20,00
	3,79	7,58	15,16	22,74	29,57	36,16	42,75	49,34	55,94	62,53	69,12	102,08	135,04	200,96
	27,48	54,96	109,92	164,88	214,37	262,16	309,95	357,74	405,54	453,33	501,12	740,08	979,04	1456,96
9 000	22,45	44,90	89,80	134,70	179,60	224,50	269,40	314,30	359,20	404,10	449,00	673,50	898,00	1347,00
	3,37	6,74	13,47	20,00	20,00	20,00	20,00	20,00	20,00	20,00	20,00	20,00	20,00	20,00
	4,13	8,26	16,52	24,75	31,94	39,12	46,30	53,49	60,67	67,86	75,04	110,96	146,88	218,72
	29,95	59,90	119,79	179,45	231,54	283,62	335,70	387,79	439,87	491,96	544,04	804,46	1064,88	1585,72
10 000	24,30	48,60	97,20	145,80	194,40	243,00	291,60	340,20	388,80	437,40	486,00	729,00	972,00	1458,00
	3,65	7,29	14,58	20,00	20,00	20,00	20,00	20,00	20,00	20,00	20,00	20,00	20,00	20,00
	4,47	8,94	17,88	26,53	34,30	42,08	49,86	57,63	65,41	73,18	80,96	119,84	158,72	236,48
	32,42	64,83	129,66	192,33	248,70	305,08	361,46	417,83	474,21	530,58	586,96	868,84	1150,72	1714,48
13 000	26,30	52,60	105,20	157,80	210,40	263,00	315,60	368,20	420,80	473,40	526,00	789,00	1052,00	1578,00
	3,95	7,89	15,78	20,00	20,00	20,00	20,00	20,00	20,00	20,00	20,00	20,00	20,00	20,00
	4,84	9,68	19,36	28,45	36,86	45,28	53,70	62,11	70,53	78,94	87,36	129,44	171,52	255,68
	35,09	70,17	140,34	206,25	267,26	328,28	389,30	450,31	511,33	572,34	633,36	938,44	1243,52	1853,68
16 000	28,30	56,60	113,20	169,80	226,40	283,00	339,60	396,20	452,80	509,40	566,00	849,00	1132,00	1698,00
	4,25	8,49	16,98	20,00	20,00	20,00	20,00	20,00	20,00	20,00	20,00	20,00	20,00	20,00
	5,21	10,41	20,83	30,37	39,42	48,48	57,54	66,59	75,65	84,70	93,76	139,04	184,32	274,88
	37,76	75,50	151,01	220,17	285,82	351,48	417,14	482,79	548,45	614,10	679,76	1008,04	1336,32	1992,88
19 000	30,30	60,60	121,20	181,80	242,40	303,00	363,60	424,20	484,80	545,40	606,00	909,00	1212,00	1818,00
	4,55	9,09	18,18	20,00	20,00	20,00	20,00	20,00	20,00	20,00	20,00	20,00	20,00	20,00
	5,58	11,15	22,30	32,29	41,98	51,68	61,38	71,07	80,77	90,46	100,16	148,64	197,12	294,08
	40,43	80,84	161,68	234,09	304,38	374,68	444,98	515,27	585,57	655,86	726,16	1077,64	1429,12	2132,08

1) Die Gegenstandswerte wurden in Anlehnung an die entsprechenden Werte der Tabelle nach § 11 Abs. 1 BRAGO festgesetzt. Es handelt sich dabei im Wesentlichen um eine Umstellung im Verhältnis 2 DM zu 1 Euro, wobei die Euro-Beträge jedoch auf volle 1000 aufgerundet wurden. Die vollen Euro-Gebühren wurden in Anlehnung an die Werte der Tabelle nach § 11 Abs. 1 BRAGO ermittelt. Bei über 290 000 Euro Gegenstandswert wurden die vollen Gebühren im Verhältnis 2 DM zu 1 Euro umgestellt und nach kaufmännischen Regeln auf volle Euro auf – oder abgerundet.

Anlage 1

Tabelle A (Beratungstabelle)[1]

Wert bis	1/20	1/10 2/20	2/10 4/20	3/10 6/20	4/10 8/20	5/10 10/20	6/10 12/20	7/10 14/20	8/10 16/20	9/10 18/20	10/10	15/10	20/10	30/10
22 000	32,30	64,60	129,20	193,80	258,40	323,00	387,60	452,20	516,80	581,40	646,00	969,00	1292,00	1938,00
	4,85	9,69	19,38	20,00	20,00	20,00	20,00	20,00	20,00	20,00	20,00	20,00	20,00	20,00
	5,94	11,89	23,77	34,21	44,54	54,88	65,22	75,55	85,89	96,22	106,56	158,24	209,92	313,28
	43,09	86,18	172,55	248,01	322,94	397,88	472,82	547,75	622,69	697,62	772,56	1147,24	1521,92	2271,28
25 000	34,30	68,60	137,20	205,80	274,40	343,00	411,60	480,20	548,80	617,40	686,00	1029,00	1372,00	2058,00
	5,15	10,29	20,00	20,00	20,00	20,00	20,00	20,00	20,00	20,00	20,00	20,00	20,00	20,00
	6,31	12,62	25,15	36,13	47,10	58,08	69,06	80,03	91,01	101,98	112,96	167,84	222,72	332,48
	45,76	91,51	182,35	261,93	341,50	421,08	500,66	580,23	659,81	739,38	818,96	1216,84	1614,72	2410,48
30 000	37,90	75,80	151,60	227,40	303,20	379,00	454,80	530,60	606,40	682,20	758,00	1137,00	1516,00	2274,00
	5,69	11,37	20,00	20,00	20,00	20,00	20,00	20,00	20,00	20,00	20,00	20,00	20,00	20,00
	6,97	13,95	27,46	39,58	51,71	63,84	75,97	88,10	100,22	112,35	124,48	185,12	245,76	367,04
	50,56	101,12	199,06	286,98	374,91	462,84	550,77	638,70	726,62	814,55	902,48	1342,12	1781,76	2661,04
35 000	41,50	83,00	166,00	249,00	332,00	415,00	498,00	581,00	664,00	747,00	830,00	1245,00	1660,00	2490,00
	6,23	12,45	20,00	20,00	20,00	20,00	20,00	20,00	20,00	20,00	20,00	20,00	20,00	20,00
	7,64	15,27	29,76	43,04	56,32	69,60	82,88	96,16	109,44	122,72	136,00	202,40	268,80	401,60
	55,37	110,72	215,76	312,04	408,32	504,60	600,88	697,16	793,44	889,72	986,00	1467,40	1948,80	2911,60
40 000	45,10	90,20	180,40	270,60	360,80	451,00	541,20	631,40	721,60	811,80	902,00	1353,00	1804,00	2706,00
	6,77	13,53	20,00	20,00	20,00	20,00	20,00	20,00	20,00	20,00	20,00	20,00	20,00	20,00
	8,30	16,60	32,06	46,50	60,93	75,36	89,79	104,22	118,66	133,09	147,52	219,68	291,84	436,16
	60,17	120,33	232,46	337,10	441,73	546,36	650,99	755,62	860,26	964,89	1069,52	1592,68	2115,84	3162,16
45 000	48,70	97,40	194,80	292,20	389,60	487,00	584,40	681,80	779,20	876,60	974,00	1461,00	1948,00	2922,00
	7,31	14,61	20,00	20,00	20,00	20,00	20,00	20,00	20,00	20,00	20,00	20,00	20,00	20,00
	8,96	17,92	34,37	49,95	65,54	81,12	96,70	112,29	127,87	143,46	159,04	236,96	314,88	470,72
	64,97	129,93	249,17	362,15	475,14	588,12	701,10	814,09	927,07	1040,06	1153,04	1717,96	2282,88	3412,72
50 000	52,30	104,60	209,20	313,80	418,40	523,00	627,60	732,20	836,80	941,40	1046,00	1569,00	2092,00	3138,00
	7,85	15,69	20,00	20,00	20,00	20,00	20,00	20,00	20,00	20,00	20,00	20,00	20,00	20,00
	9,62	19,25	36,67	53,41	70,14	86,88	103,62	120,35	137,09	153,82	170,56	254,24	337,92	505,28
	69,77	139,54	265,87	387,21	508,54	629,88	751,22	872,55	993,89	1115,22	1236,56	1843,24	2449,92	3663,28
65 000	56,15	112,30	224,60	336,90	449,20	561,50	673,80	786,10	898,40	1010,70	1123,00	1684,50	2246,00	3369,00
	8,42	16,85	20,00	20,00	20,00	20,00	20,00	20,00	20,00	20,00	20,00	20,00	20,00	20,00
	10,33	20,66	39,14	57,10	75,07	93,04	111,01	128,98	146,94	164,91	182,88	272,72	362,56	542,24
	74,90	149,81	283,74	414,00	544,27	674,54	804,81	935,08	1065,34	1195,61	1325,88	1977,22	2628,56	3931,24
80 000	60,00	120,00	240,00	360,00	480,00	600,00	720,00	840,00	960,00	1080,00	1200,00	1800,00	2400,00	3600,00
	9,00	18,00	20,00	20,00	20,00	20,00	20,00	20,00	20,00	20,00	20,00	20,00	20,00	20,00
	11,04	22,08	41,60	60,80	80,00	99,20	118,40	137,60	156,80	176,00	195,20	291,20	387,20	579,20
	80,04	160,08	301,60	440,80	580,00	719,20	858,40	997,60	1136,80	1276,00	1415,20	2111,20	2807,20	4199,20
95 000	63,85	127,70	255,40	383,10	510,80	638,50	766,20	893,90	1021,60	1149,30	1277,00	1915,50	2554,00	3831,00
	9,58	19,16	20,00	20,00	20,00	20,00	20,00	20,00	20,00	20,00	20,00	20,00	20,00	20,00
	11,75	23,50	44,06	64,50	84,93	105,36	125,79	146,22	166,66	187,09	207,52	309,68	411,84	616,16
	85,18	170,36	319,46	467,60	615,73	763,86	911,99	1060,12	1208,26	1356,39	1504,52	2245,18	2985,84	4467,16

1) Die Gegenstandswerte wurden in Anlehnung an die entsprechenden Werte der Tabelle nach § 11 Abs. 1 BRAGO festgesetzt. Es handelt sich dabei im Wesentlichen um eine Umstellung im Verhältnis 2 DM zu 1 Euro, wobei die Euro-Beträge jedoch auf volle 1000 aufgerundet wurden. Die vollen Euro-Gebühren wurden in Anlehnung an die Werte der Tabelle nach § 11 Abs. 1 BRAGO ermittelt. Bei über 290 000 Euro Gegenstandswert wurden die vollen Gebühren im Verhältnis 2 DM zu 1 Euro umgestellt und nach kaufmännischen Regeln auf volle Euro auf – oder abgerundet.

Tabelle A (Beratungstabelle)[1]

Wert bis	1/10 1/20	2/10 2/20	3/10 4/20	4/10 6/20	5/10 8/20	6/10 10/20	7/10 12/20	8/10 14/20	9/10 16/20	10/10 18/20	10/10	15/10	20/10	30/10
110 000	67,70	135,40	270,80	406,20	541,60	677,00	812,40	947,80	1083,20	1218,60	1354,00	2031,00	2708,00	4062,00
	10,15	20,00	20,00	20,00	20,00	20,00	20,00	20,00	20,00	20,00	20,00	20,00	20,00	20,00
	12,46	24,86	46,53	68,19	89,86	111,52	133,18	154,85	176,51	198,18	219,84	328,16	436,48	653,12
	90,31	180,26	337,33	494,39	651,46	808,52	965,58	1122,65	1279,71	1436,78	1593,84	2379,16	3164,48	4735,12
125 000	71,55	143,10	286,20	429,30	572,40	715,50	858,60	1001,70	1144,80	1287,90	1431,00	2146,50	2862,00	4293,00
	10,73	20,00	20,00	20,00	20,00	20,00	20,00	20,00	20,00	20,00	20,00	20,00	20,00	20,00
	13,16	26,10	48,99	71,89	94,78	117,68	140,58	163,47	186,37	209,26	232,16	346,64	461,12	690,08
	95,44	189,20	355,19	521,19	687,18	853,18	1019,18	1185,17	1351,17	1517,16	1683,16	2513,14	3343,12	5003,08
140 000	75,40	150,80	301,60	452,40	603,20	754,00	904,80	1055,60	1206,40	1357,20	1508,00	2262,00	3016,00	4524,00
	11,31	20,00	20,00	20,00	20,00	20,00	20,00	20,00	20,00	20,00	20,00	20,00	20,00	20,00
	13,87	27,33	51,46	75,58	99,71	123,84	147,97	172,10	196,22	220,35	244,48	365,12	485,76	727,04
	100,58	198,13	373,06	547,98	722,91	897,84	1072,77	1247,70	1422,62	1597,55	1772,48	2647,12	3521,76	5271,04
155 000	79,25	158,50	317,00	475,50	634,00	792,50	951,00	1109,50	1268,00	1426,50	1585,00	2377,50	3170,00	4755,00
	11,89	20,00	20,00	20,00	20,00	20,00	20,00	20,00	20,00	20,00	20,00	20,00	20,00	20,00
	14,58	28,56	53,92	79,28	104,64	130,00	155,36	180,72	206,08	231,44	256,80	383,60	510,40	764,00
	105,72	207,06	390,92	574,78	758,64	942,50	1126,36	1310,22	1494,08	1677,94	1861,80	2781,10	3700,40	5539,00
170 000	83,10	166,20	332,40	498,60	664,80	831,00	997,20	1163,40	1329,60	1495,80	1662,00	2493,00	3324,00	4986,00
	12,47	20,00	20,00	20,00	20,00	20,00	20,00	20,00	20,00	20,00	20,00	20,00	20,00	20,00
	15,29	29,79	56,38	82,98	109,57	136,16	162,75	189,34	215,94	242,53	269,12	402,08	535,04	800,96
	110,86	215,99	408,78	601,58	794,37	987,16	1179,95	1372,74	1565,54	1758,33	1951,12	2915,08	3879,04	5806,96
185 000	86,95	173,90	347,80	521,70	695,60	869,50	1043,40	1217,30	1391,20	1565,10	1739,00	2608,50	3478,00	5217,00
	13,04	20,00	20,00	20,00	20,00	20,00	20,00	20,00	20,00	20,00	20,00	20,00	20,00	20,00
	16,00	31,02	58,85	86,67	114,50	142,32	170,14	197,97	225,79	253,62	281,44	420,56	559,68	837,92
	115,99	224,92	426,65	628,37	830,10	1031,82	1233,54	1435,27	1636,99	1838,72	2040,44	3049,06	4057,68	6074,92
200 000	90,80	181,60	363,20	544,80	726,40	908,00	1089,60	1271,20	1452,80	1634,40	1816,00	2724,00	3632,00	5448,00
	13,62	20,00	20,00	20,00	20,00	20,00	20,00	20,00	20,00	20,00	20,00	20,00	20,00	20,00
	16,71	32,26	61,31	90,37	119,42	148,48	177,54	206,59	235,65	264,70	293,76	439,04	584,32	874,88
	121,13	233,86	444,51	655,17	865,82	1076,48	1287,14	1497,79	1708,45	1919,10	2129,76	3183,04	4236,32	6342,88
230 000	96,70	193,40	386,80	580,20	773,60	967,00	1160,40	1353,80	1547,20	1740,60	1934,00	2901,00	3868,00	5802,00
	14,51	20,00	20,00	20,00	20,00	20,00	20,00	20,00	20,00	20,00	20,00	20,00	20,00	20,00
	17,79	34,14	65,09	96,03	126,98	157,92	188,86	219,81	250,75	281,70	312,64	467,36	622,08	931,52
	129,00	247,54	471,89	696,23	920,58	1144,92	1369,26	1593,61	1817,95	2042,30	2266,64	3388,36	4510,08	6753,52
260 000	102,60	205,20	410,40	615,60	820,80	1026,00	1231,20	1436,40	1641,60	1846,80	2052,00	3078,00	4104,00	6156,00
	15,39	20,00	20,00	20,00	20,00	20,00	20,00	20,00	20,00	20,00	20,00	20,00	20,00	20,00
	18,88	36,03	68,86	101,70	134,53	167,36	200,19	233,02	265,86	298,69	331,52	495,68	659,84	988,16
	136,87	261,23	499,26	737,30	975,33	1213,36	1451,39	1689,42	1927,46	2165,49	2403,52	3593,68	4783,84	7164,16
290 000	108,50	217,00	434,00	651,00	868,00	1085,00	1302,00	1519,00	1736,00	1953,00	2170,00	3255,00	4340,00	6510,00
	16,27	20,00	20,00	20,00	20,00	20,00	20,00	20,00	20,00	20,00	20,00	20,00	20,00	20,00
	19,96	37,92	72,64	107,36	142,08	176,80	211,52	246,24	280,96	315,68	350,40	524,00	697,60	1044,80
	144,73	274,92	526,64	778,36	1030,08	1281,80	1533,52	1785,24	2036,96	2288,68	2540,40	3799,00	5057,60	7574,80

1) Die Gegenstandswerte wurden in Anlehnung an die entsprechenden Werte der Tabelle nach § 11 Abs. 1 BRAGO festgesetzt. Es handelt sich dabei im Wesentlichen um eine Umstellung im Verhältnis 2 DM zu 1 Euro, wobei die Euro-Beträge jedoch auf volle 1000 aufgerundet wurden. Die vollen Euro-Gebühren wurden in Anlehnung an die Werte der Tabelle nach § 11 Abs. 1 BRAGO ermittelt. Bei über 290 000 Euro Gegenstandswert wurden die vollen Gebühren im Verhältnis 2 DM zu 1 Euro umgestellt und nach kaufmännischen Regeln auf volle Euro auf – oder abgerundet.

Tabelle A (Beratungstabelle)[1]

Wert bis	1/20	1/10 2/20	2/10 4/20	3/10 6/20	4/10 8/20	5/10 10/20	6/10 12/20	7/10 14/20	8/10 16/20	9/10 18/20	10/10	15/10	20/10	30/10
320 000	114,65	229,30	458,60	687,90	917,20	1146,50	1375,80	1605,10	1834,40	2063,70	2293,00	3439,50	4586,00	6879,00
	17,20	20,00	20,00	20,00	20,00	20,00	20,00	20,00	20,00	20,00	20,00	20,00	20,00	20,00
	21,10	39,89	76,58	113,26	149,95	186,64	223,33	260,02	296,70	333,39	370,08	553,52	736,96	1103,84
	152,95	289,19	555,18	821,16	1087,15	1353,14	1619,13	1885,12	2151,10	2417,09	2683,08	4013,02	5342,96	8002,84
350 000	117,35	234,70	469,40	704,10	938,80	1173,50	1408,20	1642,90	1877,60	2112,30	2347,00	3520,50	4694,00	7041,00
	17,60	20,00	20,00	20,00	20,00	20,00	20,00	20,00	20,00	20,00	20,00	20,00	20,00	20,00
	21,59	40,75	78,30	115,86	153,41	190,96	228,51	266,06	303,62	341,17	378,72	566,48	754,24	1129,76
	156,54	295,45	567,70	839,96	1112,21	1384,46	1656,71	1928,96	2201,22	2473,47	2745,72	4106,98	5468,24	8190,76
380 000	119,95	239,90	479,80	719,70	959,60	1199,50	1439,40	1679,30	1919,20	2159,10	2399,00	3598,50	4798,00	7197,00
	17,99	20,00	20,00	20,00	20,00	20,00	20,00	20,00	20,00	20,00	20,00	20,00	20,00	20,00
	22,07	41,58	79,97	118,35	156,74	195,12	233,50	271,89	310,27	348,66	387,04	578,96	770,88	1154,72
	160,01	301,48	579,77	858,05	1136,34	1414,62	1692,90	1971,19	2249,47	2527,76	2806,04	4197,46	5588,88	8371,72
410 000	122,50	245,00	490,00	735,00	980,00	1225,00	1470,00	1715,00	1960,00	2205,00	2450,00	3675,00	4900,00	7350,00
	18,38	20,00	20,00	20,00	20,00	20,00	20,00	20,00	20,00	20,00	20,00	20,00	20,00	20,00
	22,54	42,40	81,60	120,80	160,00	199,20	238,40	277,60	316,80	356,00	395,20	591,20	787,20	1179,20
	163,42	307,40	591,60	875,80	1160,00	1444,20	1728,40	2012,60	2296,80	2581,00	2865,20	4286,20	5707,20	8549,20
440 000	124,95	249,90	499,80	749,70	999,60	1249,50	1499,40	1749,30	1999,20	2249,10	2499,00	3748,50	4998,00	7497,00
	18,74	20,00	20,00	20,00	20,00	20,00	20,00	20,00	20,00	20,00	20,00	20,00	20,00	20,00
	22,99	43,18	83,17	123,15	163,14	203,12	243,10	283,09	323,07	363,06	403,04	602,96	802,88	1202,72
	166,68	313,08	602,97	892,85	1182,74	1472,62	1762,50	2052,39	2342,27	2632,16	2922,04	4371,46	5820,88	8719,72
470 000	127,35	254,70	509,40	764,10	1018,80	1273,50	1528,20	1782,90	2037,60	2292,30	2547,00	3820,50	5094,00	7641,00
	19,10	20,00	20,00	20,00	20,00	20,00	20,00	20,00	20,00	20,00	20,00	20,00	20,00	20,00
	23,43	43,95	84,70	125,46	166,21	206,96	247,71	288,46	329,22	369,97	410,72	614,48	818,24	1225,76
	169,88	318,65	614,10	909,56	1205,01	1500,46	1795,91	2091,36	2386,82	2682,27	2977,72	4454,98	5932,24	8886,76
500 000	129,70	259,40	518,80	778,20	1037,60	1297,00	1556,40	1815,80	2075,20	2334,60	2594,00	3891,00	5188,00	7782,00
	19,45	20,00	20,00	20,00	20,00	20,00	20,00	20,00	20,00	20,00	20,00	20,00	20,00	20,00
	23,86	44,70	86,21	127,71	169,22	210,72	252,22	293,73	335,23	376,74	418,24	625,76	833,28	1248,32
	173,01	324,10	625,01	925,91	1226,82	1527,72	1828,62	2129,53	2430,43	2731,34	3032,24	4536,76	6041,28	9050,32
550 000	133,15	266,30	532,60	798,90	1065,20	1331,50	1597,80	1864,10	2130,40	2396,70	2663,00	3994,50	5326,00	7989,00
	19,97	20,00	20,00	20,00	20,00	20,00	20,00	20,00	20,00	20,00	20,00	20,00	20,00	20,00
	24,50	45,81	88,42	131,02	173,63	216,24	258,85	301,46	344,06	386,67	429,28	642,32	855,36	1281,44
	177,62	332,11	641,02	949,92	1258,83	1567,74	1876,65	2185,56	2494,46	2803,37	3112,28	4656,82	6201,36	9290,44
600 000	136,50	273,00	546,00	819,00	1092,00	1365,00	1638,00	1911,00	2184,00	2457,00	2730,00	4095,00	5460,00	8190,00
	20,00	20,00	20,00	20,00	20,00	20,00	20,00	20,00	20,00	20,00	20,00	20,00	20,00	20,00
	25,04	46,88	90,56	134,24	177,92	221,60	265,28	308,96	352,64	396,32	440,00	658,40	876,80	1313,60
	181,54	339,88	656,56	973,24	1289,92	1606,60	1923,28	2239,96	2556,64	2873,32	3190,00	4773,40	6356,80	9523,60

Ab 600 000 Euro ergeben sich folgende Erhöhungen der vollen Gebühr (10/10) – in Euro –:

vom Mehrbetrag bis 5 000 000 Euro
je angefangene 50 000 Euro — 120

vom Mehrbetrag über 5 000 000 Euro bis 25 000 000 Euro je angefangene 50 000 Euro — 90

vom Mehrbetrag über 25 000 000 Euro je angefangene 50 000 Euro — 70

1) Die Gegenstandswerte wurden in Anlehnung an die entsprechenden Werte der Tabelle nach § 11 Abs. 1 BRAGO festgesetzt. Es handelt sich dabei im Wesentlichen um eine Umstellung im Verhältnis 2 DM zu 1 Euro, wobei die Euro-Beträge jedoch auf volle 1000 aufgerundet wurden. Die vollen Euro-Gebühren wurden in Anlehnung an die Werte der Tabelle nach § 11 Abs. 1 BRAGO ermittelt. Bei über 290000 Euro Gegenstandswert wurden die vollen Gebühren im Verhältnis 2 DM zu 1 Euro umgestellt und nach kaufmännischen Regeln auf volle Euro auf – oder abgerundet.

Tabelle B (Abschlusstabelle)[1]

Wert bis	2/10	3/10	4/10	5/10	6/10	7/10	8/10	9/10	10/10	12/10	15/10	20/10	25/10	30/10	40/10
3 000	7,80*	11,70	15,60	19,50	23,40	27,30	31,20	35,10	39,00	46,80	58,50	78,00	97,50	117,00	156,00
	1,17	1,76	2,34	2,93	3,51	4,10	4,68	5,27	5,85	7,02	8,78	11,70	14,63	17,55	20,00
	1,44	2,15	2,87	3,59	4,31	5,02	5,74	6,46	7,18	8,61	10,76	14,35	17,94	21,53	28,16
	10,41	15,61	20,81	26,02	31,22	36,42	41,62	46,83	52,03	62,43	78,04	104,05	130,07	156,08	204,16
3 500	9,20*	13,80	18,40	23,00	27,60	32,20	36,80	41,40	46,00	55,20	69,00	92,00	115,00	138,00	184,00
	1,38	2,07	2,76	3,45	4,14	4,83	5,52	6,21	6,90	8,28	10,35	13,80	17,25	20,00	20,00
	1,69	2,54	3,39	4,23	5,08	5,92	6,77	7,62	8,46	10,16	12,70	16,93	21,16	25,28	32,64
	12,27	18,41	24,55	30,68	36,82	42,95	49,09	55,23	61,36	73,64	92,05	122,73	153,41	183,28	236,64
4 000	10,80	16,20	21,60	27,00	32,40	37,80	43,20	48,60	54,00	64,80	81,00	108,00	135,00	162,00	216,00
	1,62	2,43	3,24	4,05	4,86	5,67	6,48	7,29	8,10	9,72	12,15	16,20	20,00	20,00	20,00
	1,99	2,98	3,97	4,97	5,96	6,96	7,95	8,94	9,94	11,92	14,90	19,87	24,80	29,12	37,76
	14,41	21,61	28,81	36,02	43,22	50,43	57,63	64,83	72,04	86,44	108,05	144,07	179,80	211,12	273,76
4500	12,20	18,30	24,40	30,50	36,60	42,70	48,80	54,90	61,00	73,20	91,50	122,00	152,50	183,00	244,00
	1,83	2,75	3,66	4,58	5,49	6,41	7,32	8,24	9,15	10,98	13,73	18,30	20,00	20,00	20,00
	2,24	3,37	4,49	5,61	6,73	7,86	8,98	10,10	11,22	13,47	16,84	22,45	27,60	32,48	42,24
	16,27	24,42	32,55	40,69	48,82	56,97	65,10	73,24	81,37	97,65	122,07	162,75	200,10	235,48	306,24
5 000	13,80	20,70	27,60	34,50	41,40	48,30	55,20	62,10	69,00	82,80	103,50	138,00	172,50	207,00	276,00
	2,07	3,11	4,14	5,18	6,21	7,25	8,28	9,32	10,35	12,42	15,53	20,00	20,00	20,00	20,00
	2,54	3,81	5,08	6,35	7,62	8,89	10,16	11,43	12,70	15,24	19,04	25,28	30,80	36,32	47,36
	18,41	27,62	36,82	46,03	55,23	64,44	73,64	82,85	92,05	110,46	138,07	183,28	223,30	263,32	343,36
6 000	15,40	23,10	30,80	38,50	46,20	53,90	61,60	69,30	77,00	92,40	115,50	154,00	192,50	231,00	308,00
	2,31	3,47	4,62	5,78	6,93	8,09	9,24	10,40	11,55	13,86	17,33	20,00	20,00	20,00	20,00
	2,83	4,25	5,67	7,08	8,50	9,92	11,33	12,75	14,17	17,00	21,25	27,84	34,00	40,16	52,48
	20,54	30,82	41,09	51,36	61,63	71,91	82,17	92,45	102,72	123,26	154,08	201,84	246,50	291,16	380,48
7 000	16,80	25,20	33,60	42,00	50,40	58,80	67,20	75,60	84,00	100,80	126,00	168,00	210,00	252,00	336,00
	2,52	3,78	5,04	6,30	7,56	8,82	10,08	11,34	12,60	15,12	18,90	20,00	20,00	20,00	20,00
	3,09	4,64	6,18	7,73	9,27	10,82	12,36	13,91	15,46	18,55	23,18	30,08	36,80	43,52	56,96
	22,41	33,62	44,82	56,03	67,23	78,44	89,64	100,85	112,06	134,47	168,08	218,08	266,80	315,52	412,96
8 000	18,40	27,60	36,80	46,00	55,20	64,40	73,60	82,80	92,00	110,40	138,00	184,00	230,00	276,00	368,00
	2,76	4,14	5,52	6,90	8,28	9,66	11,04	12,42	13,80	16,56	20,00	20,00	20,00	20,00	20,00
	3,39	5,08	6,77	8,46	10,16	11,85	13,54	15,24	16,93	20,31	25,28	32,64	40,00	47,36	62,08
	24,55	36,82	49,09	61,36	73,64	85,91	98,18	110,46	122,73	147,27	183,28	236,64	290,00	343,36	450,08
9 000	19,40	29,10	38,80	48,50	58,20	67,90	77,60	87,30	97,00	116,40	145,50	194,00	242,50	291,00	388,00
	2,91	4,37	5,82	7,28	8,73	10,19	11,64	13,10	14,55	17,46	20,00	20,00	20,00	20,00	20,00
	3,57	5,36	7,14	8,92	10,71	12,49	14,28	16,06	17,85	21,42	26,48	34,24	42,00	49,76	65,28
	25,88	38,83	51,76	64,70	77,64	90,58	103,52	116,46	129,40	155,28	191,98	248,24	304,50	360,76	473,28
10 000	20,60	30,90	41,20	51,50	61,80	72,10	82,40	92,70	103,00	123,60	154,50	206,00	257,50	309,00	412,00
	3,09	4,64	6,18	7,73	9,27	10,82	12,36	13,91	15,45	18,54	20,00	20,00	20,00	20,00	20,00
	3,79	5,69	7,58	9,48	11,37	13,27	15,16	17,06	18,95	22,74	27,92	36,16	44,40	52,64	69,12
	27,48	41,23	54,96	68,71	82,44	96,19	109,92	123,67	137,40	164,88	202,42	262,16	321,90	381,64	501,12
12 500	21,60	32,40	43,20	54,00	64,80	75,60	86,40	97,20	108,00	129,60	162,00	216,00	270,00	324,00	432,00
	3,24	4,86	6,48	8,10	9,72	11,34	12,96	14,58	16,20	19,44	20,00	20,00	20,00	20,00	20,00
	3,97	5,96	7,95	9,94	11,92	13,91	15,90	17,88	19,87	23,85	29,12	37,76	46,40	55,04	72,32
	28,81	43,22	57,63	72,04	86,44	100,85	115,26	129,66	144,07	172,89	211,12	273,76	336,40	399,04	524,32

* Als selbständige Gebühr: 10 Euro (Mindestgebühr).
1) Gegenstandswerte und Gebühren wurden im Verhältnis 2 DM zu 1 Euro umgestellt. Dabei wurden die 10/10 Gebühren nach kaufmännischen Regeln auf volle Euro-Beträge gerundet.

Tabelle B (Abschlusstabelle)[1]

Wert bis	2/10	3/10	4/10	5/10	6/10	7/10	8/10	9/10	10/10	12/10	15/10	20/10	25/10	30/10	40/10
15 000	24,20	36,30	48,40	60,50	72,60	84,70	96,80	108,90	121,00	145,20	181,50	242,00	302,50	363,00	484,00
	3,63	5,45	7,26	9,07	10,89	12,71	14,52	16,34	18,15	20,00	20,00	20,00	20,00	20,00	20,00
	4,45	6,68	8,91	11,13	13,36	15,59	17,81	20,04	22,26	26,43	32,24	41,92	51,60	61,28	80,64
	32,28	**48,43**	**64,57**	**80,70**	**96,85**	**113,00**	**129,13**	**145,28**	**161,41**	**191,63**	**233,74**	**303,92**	**374,10**	**444,28**	**584,64**
17 500	26,60	39,90	53,20	66,50	79,80	93,10	106,40	119,70	133,00	159,60	199,50	266,00	332,50	399,00	532,00
	3,99	5,99	7,98	9,98	11,97	13,97	15,96	17,95	19,95	20,00	20,00	20,00	20,00	20,00	20,00
	4,89	7,34	9,79	12,24	14,68	17,13	19,58	22,02	24,47	28,74	35,12	45,76	56,40	67,04	88,32
	35,48	**53,23**	**70,97**	**88,72**	**106,45**	**124,20**	**141,94**	**159,67**	**177,42**	**208,34**	**254,62**	**331,76**	**408,90**	**486,04**	**640,32**
20 000	28,60	42,90	57,20	71,50	85,80	100,10	114,40	128,70	143,00	171,60	214,50	286,00	357,50	429,00	572,00
	4,29	6,44	8,58	10,73	12,87	15,02	17,16	19,30	20,00	20,00	20,00	20,00	20,00	20,00	20,00
	5,26	7,89	10,52	13,16	15,79	18,42	21,05	23,68	26,08	30,66	37,52	48,96	60,40	71,84	94,72
	38,15	**57,23**	**76,30**	**95,39**	**114,46**	**133,54**	**152,61**	**171,68**	**189,08**	**222,26**	**272,02**	**354,96**	**437,90**	**520,84**	**686,72**
22 500	30,60	45,90	61,20	76,50	91,80	107,10	122,40	137,70	153,00	183,60	229,50	306,00	382,50	459,00	612,00
	4,59	6,89	9,18	11,48	13,77	16,07	18,36	20,00	20,00	20,00	20,00	20,00	20,00	20,00	20,00
	5,63	8,45	11,26	14,08	16,89	19,71	22,52	25,23	27,68	32,58	39,92	52,16	64,40	76,64	101,12
	40,82	**61,24**	**81,64**	**102,06**	**122,46**	**142,88**	**163,28**	**182,93**	**200,68**	**236,18**	**289,42**	**378,16**	**466,90**	**555,64**	**733,12**
25 000	32,40	48,60	64,80	81,00	97,20	113,40	129,60	145,80	162,00	194,40	243,00	324,00	405,00	486,00	648,00
	4,86	7,29	9,72	12,15	14,58	17,01	19,44	20,00	20,00	20,00	20,00	20,00	20,00	20,00	20,00
	5,96	8,94	11,92	14,90	17,88	20,87	23,85	26,53	29,12	34,30	42,08	55,04	68,00	80,96	106,88
	43,22	**64,83**	**86,44**	**108,05**	**129,66**	**151,28**	**172,89**	**192,33**	**211,12**	**248,70**	**305,08**	**399,04**	**493,00**	**586,96**	**774,88**
37 500	34,40	51,60	68,80	86,00	103,20	120,40	137,60	154,80	172,00	206,40	258,00	344,00	430,00	516,00	688,00
	5,16	7,74	10,32	12,90	15,48	18,06	20,00	20,00	20,00	20,00	20,00	20,00	20,00	20,00	20,00
	6,33	9,49	12,66	15,82	18,99	22,15	25,22	27,97	30,72	36,22	44,48	58,24	72,00	85,76	113,28
	45,89	**68,83**	**91,78**	**114,72**	**137,67**	**160,61**	**182,82**	**202,77**	**222,72**	**262,62**	**322,48**	**422,24**	**522,00**	**621,76**	**821,28**
50 000	42,00	63,00	84,00	105,00	126,00	147,00	168,00	189,00	210,00	252,00	315,00	420,00	525,00	630,00	840,00
	6,30	9,45	12,60	15,75	18,90	20,00	20,00	20,00	20,00	20,00	20,00	20,00	20,00	20,00	20,00
	7,73	11,59	15,46	19,32	23,18	26,72	30,08	33,44	36,80	43,52	53,60	70,40	87,20	104,00	137,60
	56,03	**84,04**	**112,06**	**140,07**	**168,08**	**193,72**	**218,08**	**242,44**	**266,80**	**315,52**	**388,60**	**510,40**	**632,20**	**754,00**	**997,60**
62 500	48,60	72,90	97,20	121,50	145,80	170,10	194,40	218,70	243,00	291,60	364,50	486,00	607,50	729,00	972,00
	7,29	10,94	14,58	18,23	20,00	20,00	20,00	20,00	20,00	20,00	20,00	20,00	20,00	20,00	20,00
	8,94	13,41	17,88	22,36	26,53	30,42	34,30	38,19	42,08	49,86	61,52	80,96	100,40	119,84	158,72
	64,83	**97,25**	**129,66**	**162,09**	**192,33**	**220,52**	**248,70**	**276,89**	**305,08**	**361,46**	**446,02**	**586,96**	**727,90**	**868,84**	**1150,72**
75 000	54,20	81,30	108,40	135,50	162,60	189,70	216,80	243,90	271,00	325,20	406,50	542,00	677,50	813,00	1084,00
	8,13	12,20	16,26	20,00	20,00	20,00	20,00	20,00	20,00	20,00	20,00	20,00	20,00	20,00	20,00
	9,97	14,96	19,95	24,88	29,22	33,55	37,89	42,22	46,56	55,23	68,24	89,92	111,60	133,28	176,64
	72,30	**108,46**	**144,61**	**180,38**	**211,82**	**243,25**	**274,69**	**306,12**	**337,56**	**400,43**	**494,74**	**651,92**	**809,10**	**966,28**	**1280,64**
87 500	56,60	84,90	113,20	141,50	169,80	198,10	226,40	254,70	283,00	339,60	424,50	566,00	707,50	849,00	1132,00
	8,49	12,74	16,98	20,00	20,00	20,00	20,00	20,00	20,00	20,00	20,00	20,00	20,00	20,00	20,00
	10,41	15,62	20,83	25,84	30,37	34,90	39,42	43,95	48,48	57,54	71,12	93,76	116,40	139,04	184,32
	75,50	**113,26**	**151,01**	**187,34**	**220,17**	**253,00**	**285,82**	**318,65**	**351,48**	**417,14**	**515,62**	**679,76**	**843,90**	**1008,04**	**1336,32**
100 000	59,20	88,80	118,40	148,00	177,60	207,20	236,80	266,40	296,00	355,20	444,00	592,00	740,00	888,00	1184,00
	8,88	13,32	17,76	20,00	20,00	20,00	20,00	20,00	20,00	20,00	20,00	20,00	20,00	20,00	20,00
	10,89	16,34	21,79	26,88	31,62	36,35	41,09	45,82	50,56	60,03	74,24	97,92	121,60	145,28	192,64
	78,97	**118,46**	**157,95**	**194,88**	**229,22**	**263,55**	**297,89**	**332,22**	**366,56**	**435,23**	**538,24**	**709,92**	**881,60**	**1053,28**	**1396,64**

1) Gegenstandswerte und Gebühren wurden im Verhältnis 2 DM zu 1 Euro umgestellt. Dabei wurden die 10/10 Gebühren nach kaufmännischen Regeln auf volle Euro-Beträge gerundet.

Tabelle B (Abschlusstabelle)[1]

Wert bis	2/10	3/10	4/10	5/10	6/10	7/10	8/10	9/10	10/10	12/10	15/10	20/10	25/10	30/10	40/10
125 000	67,80	101,70	135,60	169,50	203,40	237,30	271,20	305,10	339,00	406,80	508,50	678,00	847,50	1017,00	1356,00
	10,17	15,26	20,00	20,00	20,00	20,00	20,00	20,00	20,00	20,00	20,00	20,00	20,00	20,00	20,00
	12,48	18,71	24,90	30,32	35,74	41,17	46,59	52,02	57,44	68,29	84,56	111,68	138,80	165,92	220,16
	90,45	135,67	180,50	219,82	259,14	298,47	337,79	377,12	416,44	495,09	613,06	809,68	1006,30	1202,92	1596,16
150 000	75,40	113,10	150,80	188,50	226,20	263,90	301,60	339,30	377,00	452,40	565,50	754,00	942,50	1131,00	1508,00
	11,31	16,97	20,00	20,00	20,00	20,00	20,00	20,00	20,00	20,00	20,00	20,00	20,00	20,00	20,00
	13,87	20,81	27,33	33,36	39,39	45,42	51,46	57,49	63,52	75,58	93,68	123,84	154,00	184,16	244,80
	100,58	150,88	198,13	241,86	285,59	329,32	373,06	416,79	460,52	547,98	679,18	897,84	1116,50	1335,16	1772,48
175 000	82,00	123,00	164,00	205,00	246,00	287,00	328,00	369,00	410,00	492,00	615,00	820,00	1025,00	1230,00	1640,00
	12,30	18,45	20,00	20,00	20,00	20,00	20,00	20,00	20,00	20,00	20,00	20,00	20,00	20,00	20,00
	15,09	22,63	29,44	36,00	42,56	49,12	55,68	62,24	68,80	81,92	101,60	134,40	167,20	200,00	265,60
	109,39	164,08	213,44	261,00	308,56	356,12	403,68	451,24	498,80	593,92	736,60	974,40	1212,20	1450,00	1925,60
200 000	88,00	132,00	176,00	220,00	264,00	308,00	352,00	396,00	440,00	528,00	660,00	880,00	1100,00	1320,00	1760,00
	13,20	19,80	20,00	20,00	20,00	20,00	20,00	20,00	20,00	20,00	20,00	20,00	20,00	20,00	20,00
	16,19	24,29	31,36	38,40	45,44	52,48	59,52	66,56	73,60	87,68	108,80	144,00	179,20	214,40	284,80
	117,39	176,09	227,36	278,40	329,44	380,48	431,52	482,56	533,60	635,68	788,80	1044,00	1299,20	1554,40	2064,80
225 000	93,40	140,10	186,80	233,50	280,20	326,90	373,60	420,30	467,00	560,40	700,50	934,00	1167,50	1401,00	1868,00
	14,01	20,00	20,00	20,00	20,00	20,00	20,00	20,00	20,00	20,00	20,00	20,00	20,00	20,00	20,00
	17,19	25,62	33,09	40,56	48,03	55,50	62,98	70,45	77,92	92,86	115,28	152,64	190,00	227,36	302,08
	124,60	185,72	239,89	294,06	348,23	402,40	456,58	510,75	564,92	673,26	835,78	1106,64	1377,50	1648,36	2190,08
250 000	98,20	147,30	196,40	245,50	294,60	343,70	392,80	441,90	491,00	589,20	736,50	982,00	1227,50	1473,00	1964,00
	14,73	20,00	20,00	20,00	20,00	20,00	20,00	20,00	20,00	20,00	20,00	20,00	20,00	20,00	20,00
	18,07	26,77	34,62	42,48	50,34	58,19	66,05	73,90	81,76	97,47	121,04	160,32	199,60	238,88	317,44
	131,00	194,07	251,02	307,98	364,94	421,89	478,85	535,80	592,76	706,67	877,54	1162,32	1447,10	1731,88	2301,44
300 000	102,80	154,20	205,60	257,00	308,40	359,80	411,20	462,60	514,00	616,80	771,00	1028,00	1285,00	1542,00	2056,00
	15,42	20,00	20,00	20,00	20,00	20,00	20,00	20,00	20,00	20,00	20,00	20,00	20,00	20,00	20,00
	18,92	27,87	36,10	44,32	52,54	60,77	68,99	77,22	85,44	101,89	126,56	167,68	208,80	249,92	332,16
	137,14	202,07	261,70	321,32	380,94	440,57	500,19	559,82	619,44	738,69	917,56	1215,68	1513,80	1811,92	2408,16
350 000	111,80	167,70	223,60	279,50	335,40	391,30	447,20	503,10	559,00	670,80	838,50	1118,00	1397,50	1677,00	2236,00
	16,77	20,00	20,00	20,00	20,00	20,00	20,00	20,00	20,00	20,00	20,00	20,00	20,00	20,00	20,00
	20,57	30,03	38,98	47,92	56,86	65,81	74,75	83,70	92,64	110,53	137,36	182,08	226,80	271,52	360,96
	149,14	217,73	282,58	347,42	412,26	477,11	541,95	606,80	671,64	801,33	995,86	1320,08	1644,30	1968,52	2616,96
400 000	119,80	179,70	239,60	299,50	359,40	419,30	479,20	539,10	599,00	718,80	898,50	1198,00	1497,50	1797,00	2396,00
	17,97	20,00	20,00	20,00	20,00	20,00	20,00	20,00	20,00	20,00	20,00	20,00	20,00	20,00	20,00
	22,04	31,95	41,54	51,12	60,70	70,29	79,87	89,46	99,04	118,21	146,96	194,88	242,80	290,72	386,56
	159,81	231,65	301,14	370,62	440,10	509,59	579,07	648,56	718,04	857,01	1065,46	1412,88	1760,30	2107,72	2802,56
450 000	126,80	190,20	253,60	317,00	380,40	443,80	507,20	570,60	634,00	760,80	951,00	1268,00	1585,00	1902,00	2536,00
	19,02	20,00	20,00	20,00	20,00	20,00	20,00	20,00	20,00	20,00	20,00	20,00	20,00	20,00	20,00
	23,33	33,63	43,78	53,92	64,06	74,21	84,35	94,50	104,64	124,93	155,36	206,08	256,80	307,52	408,96
	169,15	243,83	317,38	390,92	464,46	538,01	611,55	685,10	758,64	905,73	1126,36	1494,08	1861,80	2229,52	2964,96
500 000	133,60	200,40	267,20	334,00	400,80	467,60	534,40	601,20	668,00	801,60	1002,00	1336,00	1670,00	2004,00	2672,00
	20,00	20,00	20,00	20,00	20,00	20,00	20,00	20,00	20,00	20,00	20,00	20,00	20,00	20,00	20,00
	24,58	35,26	45,95	56,64	67,33	78,02	88,70	99,39	110,08	131,46	163,52	216,96	270,40	323,84	430,72
	178,18	255,66	333,15	410,64	488,13	565,62	643,10	720,59	798,08	953,06	1185,52	1572,96	1960,40	2347,84	3122,72

1) Gegenstandswerte und Gebühren wurden im Verhältnis 2 DM zu 1 Euro umgestellt. Dabei wurden die 10/10 Gebühren nach kaufmännischen Regeln auf volle Euro-Beträge gerundet.

Tabelle B (Abschlusstabelle)[1]

Wert bis	2/10	3/10	4/10	5/10	6/10	7/10	8/10	9/10	10/10	12/10	15/10	20/10	25/10	30/10	40/10
625 000	139,80	209,70	279,60	349,50	419,40	489,30	559,20	629,10	699,00	838,80	1048,50	1398,00	1747,50	2097,00	2796,00
	20,00	20,00	20,00	20,00	20,00	20,00	20,00	20,00	20,00	20,00	20,00	20,00	20,00	20,00	20,00
	25,57	36,75	47,94	59,12	70,30	81,49	92,67	103,86	115,04	137,41	170,96	226,88	282,80	338,72	450,56
	185,37	266,45	347,54	428,62	509,70	590,79	671,87	752,96	834,04	996,21	1239,46	1644,88	2050,30	2455,72	3266,56
750 000	155,20	232,80	310,40	388,00	465,60	543,20	620,80	698,40	776,00	931,20	1164,00	1552,00	1940,00	2328,00	3104,00
	20,00	20,00	20,00	20,00	20,00	20,00	20,00	20,00	20,00	20,00	20,00	20,00	20,00	20,00	20,00
	28,03	40,45	52,86	65,28	77,70	90,11	102,53	114,94	127,36	152,19	189,44	251,52	313,60	375,68	499,84
	203,23	293,25	383,26	473,28	563,30	653,31	743,33	833,34	923,36	1103,39	1373,44	1823,52	2273,60	2723,68	3623,84
875 000	168,60	252,90	337,20	421,50	505,80	590,10	674,40	758,70	843,00	1011,60	1264,50	1686,00	2107,50	2529,00	3372,00
	20,00	20,00	20,00	20,00	20,00	20,00	20,00	20,00	20,00	20,00	20,00	20,00	20,00	20,00	20,00
	30,18	43,66	57,15	70,64	84,13	97,62	111,10	124,59	138,08	165,06	205,52	272,96	340,40	407,84	542,72
	218,78	316,56	414,35	512,14	609,93	707,72	805,50	903,29	1001,08	1196,66	1490,02	1978,96	2467,90	2956,84	3934,72
1 000 000	180,60	270,90	361,20	451,50	541,80	632,10	722,40	812,70	903,00	1083,60	1354,50	1806,00	2257,50	2709,00	3612,00
	20,00	20,00	20,00	20,00	20,00	20,00	20,00	20,00	20,00	20,00	20,00	20,00	20,00	20,00	20,00
	32,10	46,54	60,99	75,44	89,89	104,34	118,78	133,23	147,68	176,58	219,92	292,16	364,40	436,64	581,12
	232,70	337,44	442,19	546,94	651,69	756,44	861,18	965,93	1070,68	1280,18	1594,42	2118,16	2641,90	3165,64	4213,12
1 250 000	191,40	287,10	382,80	478,50	574,20	669,90	765,60	861,30	957,00	1148,40	1435,50	1914,00	2392,50	2871,00	3828,00
	20,00	20,00	20,00	20,00	20,00	20,00	20,00	20,00	20,00	20,00	20,00	20,00	20,00	20,00	20,00
	33,82	49,14	64,45	79,76	95,07	110,38	125,70	141,01	156,32	186,94	232,88	309,44	386,00	462,56	615,68
	245,22	356,24	467,25	578,26	689,27	800,28	911,30	1022,31	1133,32	1355,34	1688,38	2243,44	2798,50	3353,56	4463,68
1 500 000	212,40	318,60	424,80	531,00	637,20	743,40	849,60	955,80	1062,00	1274,40	1593,00	2124,00	2655,00	3186,00	4248,00
	20,00	20,00	20,00	20,00	20,00	20,00	20,00	20,00	20,00	20,00	20,00	20,00	20,00	20,00	20,00
	37,18	54,18	71,17	88,16	105,15	122,14	139,14	156,13	173,12	207,10	258,08	343,04	428,00	512,96	682,88
	269,58	392,78	515,97	639,16	762,35	885,54	1008,74	1131,93	1255,12	1501,50	1871,08	2487,04	3103,00	3718,96	4950,88
1 750 000	230,80	346,20	461,60	577,00	692,40	807,80	923,20	1038,60	1154,00	1384,80	1731,00	2308,00	2885,00	3462,00	4616,00
	20,00	20,00	20,00	20,00	20,00	20,00	20,00	20,00	20,00	20,00	20,00	20,00	20,00	20,00	20,00
	40,13	58,59	77,06	95,52	113,98	132,45	150,91	169,38	187,84	224,77	280,16	372,48	464,80	557,12	741,76
	290,93	424,79	558,66	692,52	826,38	960,25	1094,11	1227,98	1361,84	1629,57	2031,16	2700,48	3369,80	4039,12	5377,76
2 000 000	247,40	371,10	494,80	618,50	742,20	865,90	989,60	1113,30	1237,00	1484,40	1855,50	2474,00	3092,50	3711,00	4948,00
	20,00	20,00	20,00	20,00	20,00	20,00	20,00	20,00	20,00	20,00	20,00	20,00	20,00	20,00	20,00
	42,78	62,58	82,37	102,16	121,95	141,74	161,54	181,33	201,12	240,70	300,08	399,04	498,00	596,96	794,88
	310,18	453,68	597,17	740,66	884,15	1027,64	1171,14	1314,63	1458,12	1745,10	2175,58	2893,04	3610,50	4327,96	5762,88
2 250 000	262,20	393,30	524,40	655,50	786,60	917,70	1048,80	1179,90	1311,00	1573,20	1966,50	2622,00	3277,50	3933,00	5244,00
	20,00	20,00	20,00	20,00	20,00	20,00	20,00	20,00	20,00	20,00	20,00	20,00	20,00	20,00	20,00
	45,15	66,13	87,10	108,08	129,06	150,03	171,01	191,98	212,96	254,91	317,84	422,72	527,60	632,48	842,24
	327,35	479,43	631,50	783,58	935,66	1087,73	1239,81	1391,88	1543,96	1848,11	2304,34	3064,72	3825,10	4585,48	6106,24
2 500 000	275,60	413,40	551,20	689,00	826,80	964,60	1102,40	1240,20	1378,00	1653,60	2067,00	2756,00	3445,00	4134,00	5512,00
	20,00	20,00	20,00	20,00	20,00	20,00	20,00	20,00	20,00	20,00	20,00	20,00	20,00	20,00	20,00
	47,30	69,34	91,39	113,44	135,49	157,54	179,58	201,63	223,68	267,78	333,92	444,16	554,40	664,64	885,12
	342,90	502,74	662,59	822,44	982,29	1142,14	1301,98	1461,83	1621,68	1941,38	2420,92	3220,16	4019,40	4818,64	6417,12
3 000 000	288,20	432,30	576,40	720,50	864,60	1008,70	1152,80	1296,90	1441,00	1729,20	2161,50	2882,00	3602,50	4323,00	5764,00
	20,00	20,00	20,00	20,00	20,00	20,00	20,00	20,00	20,00	20,00	20,00	20,00	20,00	20,00	20,00
	49,31	72,37	95,42	118,48	141,54	164,59	187,65	210,70	233,76	279,87	349,04	464,32	579,60	694,88	925,44
	357,51	524,67	691,82	858,98	1026,14	1193,29	1360,45	1527,60	1694,76	2029,07	2530,54	3366,32	4202,10	5037,88	6709,44

---

1) Gegenstandswerte und Gebühren wurden im Verhältnis 2 DM zu 1 Euro umgestellt. Dabei wurden die 10/10 Gebühren nach kaufmännischen Regeln auf volle Euro-Beträge gerundet.

Tabelle B (Abschlusstabelle)[1]

Anlage 2

Wert bis	2/10	3/10	4/10	5/10	6/10	7/10	8/10	9/10	10/10	12/10	15/10	20/10	25/10	30/10	40/10
3 500 000	313,20	469,80	626,40	783,00	939,60	1096,20	1252,80	1409,40	1566,00	1879,20	2349,00	3132,00	3915,00	4698,00	6264,00
	20,00	20,00	20,00	20,00	20,00	20,00	20,00	20,00	20,00	20,00	20,00	20,00	20,00	20,00	20,00
	53,31	78,37	103,42	128,48	153,54	178,59	203,65	228,70	253,76	303,87	379,04	504,32	629,60	754,88	1005,44
	386,51	568,17	749,82	931,48	1113,14	1294,79	1476,45	1658,10	1839,76	2203,07	2748,04	3656,32	4564,60	5472,88	7289,44
4 000 000	335,20	502,80	670,40	838,00	1005,60	1173,20	1340,80	1508,40	1676,00	2011,20	2514,00	3352,00	4190,00	5028,00	6704,00
	20,00	20,00	20,00	20,00	20,00	20,00	20,00	20,00	20,00	20,00	20,00	20,00	20,00	20,00	20,00
	56,83	83,65	110,46	137,28	164,10	190,91	217,73	244,54	271,36	324,99	405,44	539,52	673,60	807,68	1075,84
	412,03	606,45	800,86	995,28	1189,70	1384,11	1578,53	1772,94	1967,36	2356,19	2939,44	3911,52	4883,60	5855,68	7799,84
4 500 000	355,20	532,80	710,40	888,00	1065,60	1243,20	1420,80	1598,40	1776,00	2131,20	2664,00	3552,00	4440,00	5328,00	7104,00
	20,00	20,00	20,00	20,00	20,00	20,00	20,00	20,00	20,00	20,00	20,00	20,00	20,00	20,00	20,00
	60,03	88,45	116,86	145,28	173,70	202,11	230,53	258,94	287,36	344,19	429,44	571,52	713,60	855,68	1139,84
	435,23	641,25	847,26	1053,28	1259,30	1465,31	1671,33	1877,34	2083,36	2495,39	3113,44	4143,52	5173,60	6203,68	8263,84
5 000 000	373,60	560,40	747,20	934,00	1120,80	1307,60	1494,40	1681,20	1868,00	2241,60	2802,00	3736,00	4670,00	5604,00	7472,00
	20,00	20,00	20,00	20,00	20,00	20,00	20,00	20,00	20,00	20,00	20,00	20,00	20,00	20,00	20,00
	62,98	92,86	122,75	152,64	182,53	212,42	242,30	272,19	302,08	361,86	451,52	600,96	750,40	899,84	1198,72
	456,58	673,26	889,95	1106,64	1323,33	1540,02	1756,70	1973,39	2190,08	2623,46	3273,52	4356,96	5440,40	6523,84	8690,72
7 500 000	436,40	654,60	872,80	1091,00	1309,20	1527,40	1745,60	1963,80	2182,00	2618,40	3273,00	4364,00	5455,00	6546,00	8728,00
	20,00	20,00	20,00	20,00	20,00	20,00	20,00	20,00	20,00	20,00	20,00	20,00	20,00	20,00	20,00
	73,02	107,94	142,85	177,76	212,67	247,58	282,50	317,41	352,32	422,14	526,88	701,44	876,00	1050,56	1399,68
	529,42	782,54	1035,65	1288,76	1541,87	1794,98	2048,10	2301,21	2554,32	3060,54	3819,88	5085,44	6351,00	7616,56	10147,68
10 000 000	507,20	760,80	1014,40	1268,00	1521,60	1775,20	2028,80	2282,40	2536,00	3043,20	3804,00	5072,00	6340,00	7608,00	10144,00
	20,00	20,00	20,00	20,00	20,00	20,00	20,00	20,00	20,00	20,00	20,00	20,00	20,00	20,00	20,00
	84,35	124,93	165,50	206,08	246,66	287,23	327,81	368,38	408,96	490,11	611,84	814,72	1017,60	1220,48	1626,24
	611,55	905,73	1199,90	1494,08	1788,26	2082,43	2376,61	2670,78	2964,96	3553,31	4435,84	5906,72	7377,60	8848,48	11790,24
12 500 000	564,80	847,20	1129,60	1412,00	1694,40	1976,80	2259,20	2541,60	2824,00	3388,80	4236,00	5648,00	7060,00	8472,00	11296,00
	20,00	20,00	20,00	20,00	20,00	20,00	20,00	20,00	20,00	20,00	20,00	20,00	20,00	20,00	20,00
	93,57	138,75	183,94	229,12	274,30	319,49	364,67	409,86	455,04	545,41	680,96	906,88	1132,80	1358,72	1810,56
	678,37	1005,95	1333,54	1661,12	1988,70	2316,29	2643,87	2971,46	3299,04	3954,21	4936,96	6574,88	8212,80	9850,72	13126,56
15 000 000	612,80	919,20	1225,60	1532,00	1838,40	2144,80	2451,20	2757,60	3064,00	3676,80	4596,00	6128,00	7660,00	9192,00	12256,00
	20,00	20,00	20,00	20,00	20,00	20,00	20,00	20,00	20,00	20,00	20,00	20,00	20,00	20,00	20,00
	101,25	150,27	199,30	248,32	297,34	346,37	395,39	444,42	493,44	591,49	738,56	983,68	1228,80	1473,92	1964,16
	734,05	1089,47	1444,90	1800,32	2155,74	2511,17	2866,59	3222,02	3577,44	4288,29	5354,56	7131,68	8908,80	10685,92	14240,16
17 500 000	653,60	980,40	1307,20	1634,00	1960,80	2287,60	2614,40	2941,20	3268,00	3921,60	4902,00	6536,00	8170,00	9804,00	13072,00
	20,00	20,00	20,00	20,00	20,00	20,00	20,00	20,00	20,00	20,00	20,00	20,00	20,00	20,00	20,00
	107,78	160,06	212,35	264,64	316,93	369,22	421,50	473,79	526,08	630,66	787,52	1048,96	1310,40	1571,84	2094,72
	781,38	1160,46	1539,55	1918,64	2297,73	2676,82	3055,90	3434,99	3814,08	4572,26	5709,52	7604,96	9500,40	11395,84	15186,72
20 000 000	688,80	1033,20	1377,60	1722,00	2066,40	2410,80	2755,20	3099,60	3444,00	4132,80	5166,00	6888,00	8610,00	10332,00	13776,00
	20,00	20,00	20,00	20,00	20,00	20,00	20,00	20,00	20,00	20,00	20,00	20,00	20,00	20,00	20,00
	113,41	168,51	223,62	278,72	333,82	388,93	444,03	499,14	554,24	664,45	829,76	1105,28	1380,80	1656,32	2207,36
	822,21	1221,71	1621,22	2020,72	2420,22	2819,73	3219,23	3618,74	4018,24	4817,25	6015,76	8013,28	10010,80	12008,32	16003,36
22 500 000	733,80	1100,70	1467,60	1834,50	2201,40	2568,30	2935,20	3302,10	3669,00	4402,80	5503,50	7338,00	9172,50	11007,00	14676,00
	20,00	20,00	20,00	20,00	20,00	20,00	20,00	20,00	20,00	20,00	20,00	20,00	20,00	20,00	20,00
	120,61	179,31	238,02	296,72	355,42	414,13	472,83	531,54	590,24	707,65	883,76	1177,28	1470,80	1764,32	2351,36
	874,41	1300,01	1725,62	2151,22	2576,82	3002,43	3428,03	3853,64	4279,24	5130,45	6407,26	8535,28	10663,30	12791,32	17047,36

1) Gegenstandswerte und Gebühren wurden im Verhältnis 2 DM zu 1 Euro umgestellt. Dabei wurden die 10/10 Gebühren nach kaufmännischen Regeln auf volle Euro-Beträge gerundet.

Tabelle B (Abschlusstabelle)[1]

Wert bis	2/10	3/10	4/10	5/10	6/10	7/10	8/10	9/10	10/10	12/10	15/10	20/10	25/10	30/10	40/10
25 000 000	775,20	1162,80	1550,40	1938,00	2325,60	2713,20	3100,80	3488,40	3876,00	4651,20	5814,00	7752,00	9690,00	11628,00	15504,00
	20,00	20,00	20,00	20,00	20,00	20,00	20,00	20,00	20,00	20,00	20,00	20,00	20,00	20,00	20,00
	127,23	189,25	251,26	313,28	375,30	437,31	499,33	561,34	623,36	747,39	933,44	1243,52	1553,60	1863,68	2483,84
	922,43	1372,05	1821,66	2271,28	2720,90	3170,51	3620,13	4069,74	4519,36	5418,59	6767,44	9015,52	11263,60	13511,68	18007,84
30 000 000	852,80	1279,20	1705,60	2132,00	2558,40	2984,80	3411,20	3837,60	4264,00	5116,80	6396,00	8528,00	10660,00	12792,00	17056,00
	20,00	20,00	20,00	20,00	20,00	20,00	20,00	20,00	20,00	20,00	20,00	20,00	20,00	20,00	20,00
	139,65	207,87	276,10	344,32	412,54	480,77	548,99	617,22	685,44	821,89	1026,56	1367,68	1708,80	2049,92	2732,16
	1012,45	1507,07	2001,70	2496,32	2990,94	3485,57	3980,19	4474,82	4969,44	5958,69	7442,56	9915,68	12388,80	14861,92	19808,16
35 000 000	924,00	1386,00	1848,00	2310,00	2772,00	3234,00	3696,00	4158,00	4620,00	5544,00	6930,00	9240,00	11550,00	13860,00	18480,00
	20,00	20,00	20,00	20,00	20,00	20,00	20,00	20,00	20,00	20,00	20,00	20,00	20,00	20,00	20,00
	151,04	224,96	298,88	372,80	446,72	520,64	594,56	668,48	742,40	890,24	1112,00	1481,60	1851,20	2220,80	2960,00
	1095,04	1630,96	2166,88	2702,80	3238,72	3774,64	4310,56	4846,48	5382,40	6454,24	8062,00	10741,60	13421,20	16100,80	21460,00
40 000 000	990,20	1485,30	1980,40	2475,50	2970,60	3465,70	3960,80	4455,90	4951,00	5941,20	7426,50	9902,00	12377,50	14853,00	19804,00
	20,00	20,00	20,00	20,00	20,00	20,00	20,00	20,00	20,00	20,00	20,00	20,00	20,00	20,00	20,00
	161,63	240,85	320,06	399,28	478,50	557,71	636,93	716,14	795,36	953,79	1191,44	1587,52	1983,60	2379,68	3171,84
	1171,83	1746,15	2320,46	2894,78	3469,10	4043,41	4617,73	5192,04	5766,36	6914,99	8637,94	11509,52	14381,10	17252,68	22995,84
45 000 000	1052,20	1578,30	2104,40	2630,50	3156,60	3682,70	4208,80	4734,90	5261,00	6313,20	7891,50	10522,00	13152,50	15783,00	21044,00
	20,00	20,00	20,00	20,00	20,00	20,00	20,00	20,00	20,00	20,00	20,00	20,00	20,00	20,00	20,00
	171,55	255,73	339,90	424,08	508,26	592,43	676,61	760,78	844,96	1013,31	1265,84	1686,72	2107,60	2528,48	3370,24
	1243,75	1854,03	2464,30	3074,58	3684,86	4295,13	4905,41	5515,68	6125,96	7346,51	9177,34	12228,72	15280,10	18331,48	24434,24
50 000 000	1110,80	1666,20	2221,60	2777,00	3332,40	3887,80	4443,20	4998,60	5554,00	6664,80	8331,00	11108,00	13885,00	16662,00	22216,00
	20,00	20,00	20,00	20,00	20,00	20,00	20,00	20,00	20,00	20,00	20,00	20,00	20,00	20,00	20,00
	180,93	269,79	358,66	447,52	536,38	625,25	714,11	802,98	891,84	1069,57	1336,16	1780,48	2224,80	2669,12	3557,76
	1311,73	1955,99	2600,26	3244,52	3888,78	4533,05	5177,31	5821,58	6465,84	7754,37	9687,16	12908,48	16129,80	19351,12	25793,76

Ab 50 000 000 Euro ergeben sich folgende Erhöhungen der vollen Gebühr (10/10) – in Euro –:

vom Mehrbetrag bis 125 000 000 Euro je angefangene 5 000 000 Euro	219
vom Mehrbetrag über 125 000 000 Euro bis 250 000 000 Euro je angefangene 12 500 000 Euro	383
vom Mehrbetrag über 250 000 000 Euro je angefangene 25 000 000 Euro	546

---

1) Gegenstandswerte und Gebühren wurden im Verhältnis 2 DM zu 1 Euro umgestellt. Dabei wurden die 10/10 Gebühren nach kaufmännischen Regeln auf volle Euro-Beträge gerundet.

Tabelle C (Buchführungstabelle)

Wert bis	1/20	1/10 2/20	2/10 4/20	3/10 6/20	4/10 8/20	5/10 10/20	6/10 12/20	7/10 14/20	8/10 16/20	9/10 18/20	10/10	11/10	12/10
15 000	2,90*	5,80*	11,60	17,40	23,20	29,00	34,80	40,60	46,40	52,20	58,00	63,80	69,60
	0,44	0,87	1,74	2,61	3,48	4,35	5,22	6,09	6,96	7,83	8,70	9,57	10,44
	0,53	1,07	2,13	3,20	4,27	5,34	6,40	7,47	8,54	9,60	10,67	11,74	12,81
	3,87	7,74	15,47	23,21	30,95	38,69	46,42	54,16	61,90	69,63	77,37	85,11	92,85
17 500	3,20*	6,40*	12,80	19,20	25,60	32,00	38,40	44,80	51,20	57,60	64,00	70,40	76,80
	0,48	0,96	1,92	2,88	3,84	4,80	5,76	6,72	7,68	8,64	9,60	10,56	11,52
	0,59	1,18	2,36	3,53	4,71	5,89	7,07	8,24	9,42	10,60	11,78	12,95	14,13
	4,27	8,54	17,08	25,61	34,15	42,69	51,23	59,76	68,30	76,84	85,38	93,91	102,45
20 000	3,50*	7,00*	14,00	21,00	28,00	35,00	42,00	49,00	56,00	63,00	70,00	77,00	84,00
	0,53	1,05	2,10	3,15	4,20	5,25	6,30	7,35	8,40	9,45	10,50	11,55	12,60
	0,64	1,29	2,58	3,86	5,15	6,44	7,73	9,02	10,30	11,59	12,88	14,17	15,46
	4,67	9,34	18,68	28,01	37,35	46,69	56,03	65,37	74,70	84,04	93,38	102,72	112,06
22 500	3,75*	7,50*	15,00	22,50	30,00	37,50	45,00	52,50	60,00	67,50	75,00	82,50	90,00
	0,56	1,13	2,25	3,38	4,50	5,63	6,75	7,88	9,00	10,13	11,25	12,38	13,50
	0,69	1,38	2,76	4,14	5,52	6,90	8,28	9,66	11,04	12,42	13,80	15,18	16,56
	5,00	10,01	20,01	30,02	40,02	50,03	60,03	70,04	80,04	90,05	100,05	110,06	120,06
25 000	4,05*	8,10*	16,20	24,30	32,40	40,50	48,60	56,70	64,80	72,90	81,00	89,10	97,20
	0,61	1,22	2,43	3,65	4,86	6,08	7,29	8,51	9,72	10,94	12,15	13,37	14,58
	0,75	1,49	2,98	4,47	5,96	7,45	8,94	10,43	11,92	13,41	14,90	16,40	17,88
	5,41	10,81	21,61	32,42	43,22	54,03	64,83	75,64	86,44	97,25	108,05	118,87	129,66
30 000	4,35*	8,70*	17,40	26,10	34,80	43,50	52,20	60,90	69,60	78,30	87,00	95,70	104,40
	0,65	1,31	2,61	3,92	5,22	6,53	7,83	9,14	10,44	11,75	13,05	14,36	15,66
	0,80	1,60	3,20	4,80	6,40	8,00	9,60	11,21	12,81	14,41	16,01	17,61	19,21
	5,80	11,61	23,21	34,82	46,42	58,03	69,63	81,25	92,85	104,46	116,06	127,67	139,27
35 000	4,65*	9,30*	18,60	27,90	37,20	46,50	55,80	65,10	74,40	83,70	93,00	102,30	111,60
	0,70	1,40	2,79	4,18	5,58	6,98	8,37	9,76	11,16	12,56	13,95	15,35	16,74
	0,86	1,71	3,42	5,13	6,84	8,56	10,27	11,98	13,69	15,40	17,11	18,82	20,53 '
	6,21	12,41	24,81	37,21	49,62	62,04	74,44	86,84	99,25	111,66	124,06	136,47	148,87
40 000	4,90*	9,80*	19,60	29,40	39,20	49,00	58,80	68,60	78,40	88,20	98,00	107,80	117,60
	0,74	1,47	2,94	4,41	5,88	7,35	8,82	10,29	11,76	13,23	14,70	16,17	17,64
	0,90	1,80	3,61	5,41	7,21	9,02	10,82	12,62	14,43	16,23	18,03	19,84	21,64
	6,54	13,07	26,15	39,22	52,29	65,37	78,44	91,51	104,59	117,66	130,73	143,81	156,88
45 000	5,20*	10,40	20,80	31,20	41,60	52,00	62,40	72,80	83,20	93,60	104,00	114,40	124,80
	0,78	1,56	3,12	4,68	6,24	7,80	9,36	10,92	12,48	14,04	15,60	17,16	18,72
	0,96	1,91	3,83	5,74	7,65	9,57	11,48	13,40	15,31	17,22	19,14	21,05	22,96
	6,94	13,87	27,75	41,62	55,49	69,37	83,24	97,12	110,99	124,86	138,74	152,61	166,48
50 000	5,50*	11,00	22,00	33,00	44,00	55,00	66,00	77,00	88,00	99,00	110,00	121,00	132,00
	0,83	1,65	3,30	4,95	6,60	8,25	9,90	11,55	13,20	14,85	16,50	18,15	19,80
	1,01	2,02	4,05	6,07	8,10	10,12	12,14	14,17	16,19	18,22	20,24	22,26	24,29
	7,34	14,67	29,35	44,02	58,70	73,37	88,04	102,72	117,39	132,07	146,74	161,41	176,09
62 500	5,80*	11,60	23,20	34,80	46,40	58,00	69,60	81,20	92,80	104,40	116,00	127,60	139,20
	0,87	1,74	3,48	5,22	6,96	8,70	10,44	12,18	13,92	15,66	17,40	19,14	20,00
	1,07	2,13	4,27	6,40	8,54	10,67	12,81	14,94	17,08	19,21	21,34	23,48	25,47
	7,74	15,47	30,95	46,42	61,90	77,37	92,85	108,32	123,80	139,27	154,74	170,22	184,67
75 000	6,35*	12,70	25,40	38,10	50,80	63,50	76,20	88,90	101,60	114,30	127,00	139,70	152,40
	0,95	1,91	3,81	5,72	7,62	9,53	11,43	13,34	15,24	17,15	19,05	20,00	20,00
	1,17	2,34	4,67	7,01	9,35	11,68	14,02	16,36	18,69	21,03	23,37	25,55	27,58
	8,47	16,95	33,88	50,83	67,77	84,71	101,65	118,60	135,53	152,48	169,42	185,25	199,98

* Als selbständige Gebühr: 10 Euro (Mindestgebühr).
1) Gegenstandswerte und Gebühren wurden im Verhältnis 2 DM zu 1 Euro umgestellt. Dabei wurde die 10/10 Gebühren nach kaufmännischen Regeln auf volle Euro-Beträge gerundet.

Tabelle C (Buchführungstabelle)[1]

Wert bis	1/20	1/10 2/20	2/10 4/20	3/10 6/20	4/10 8/20	5/10 10/20	6/10 12/20	7/10 14/20	8/10 16/20	9/10 18/20	10/10	11/10	12/10
87 500	6,95*	13,90	27,80	41,70	55,60	69,50	83,40	97,30	111,20	125,10	139,00	152,90	166,80
	1,04	2,09	4,17	6,26	8,34	10,43	12,51	14,60	16,68	18,77	20,00	20,00	20,00
	1,28	2,56	5,12	7,67	10,23	12,79	15,35	17,90	20,46	23,02	25,44	27,66	29,89
	9,27	18,55	37,09	55,63	74,17	92,72	111,26	129,80	148,34	166,89	184,44	200,56	216,69
100 000	7,50*	15,00	30,00	45,00	60,00	75,00	90,00	105,00	120,00	135,00	150,00	165,00	180,00
	1,13	2,25	4,50	6,75	9,00	11,25	13,50	15,75	18,00	20,00	20,00	20,00	20,00
	1,38	2,76	5,52	8,28	11,04	13,80	16,56	19,32	22,08	24,80	27,20	29,60	32,00
	10,01	20,01	40,02	60,03	80,04	100,05	120,06	140,07	160,08	179,80	197,20	214,60	232,00
125 000	8,40*	16,80	33,60	50,40	67,20	84,00	100,80	117,60	134,40	151,20	168,00	184,80	201,60
	1,26	2,52	5,04	7,56	10,08	12,60	15,12	17,64	20,00	20,00	20,00	20,00	20,00
	1,55	3,09	6,18	9,27	12,36	15,46	18,55	21,64	24,70	27,39	30,08	32,77	35,46
	11,21	22,41	44,82	67,23	89,64	112,06	134,47	156,88	179,10	198,59	218,08	237,57	257,06
150 000	9,25*	18,50	37,00	55,50	74,00	92,50	111,00	129,50	148,00	166,50	185,00	203,50	222,00
	1,39	2,78	5,55	8,32	11,10	13,88	16,65	19,43	20,00	20,00	20,00	20,00	20,00
	1,70	3,40	6,81	10,21	13,62	17,02	20,42	23,83	26,88	29,84	32,80	35,76	38,72
	12,34	24,68	49,36	74,03	98,72	123,40	148,07	172,76	194,88	216,34	237,80	259,26	280,72
200 000	11,00	22,00	44,00	66,00	88,00	110,00	132,00	154,00	176,00	198,00	220,00	242,00	264,00
	1,65	3,30	6,60	9,90	13,20	16,50	19,80	20,00	20,00	20,00	20,00	20,00	20,00
	2,02	4,05	8,10	12,14	16,19	20,24	24,29	27,84	31,36	34,88	38,40	41,92	45,44
	14,67	29,35	58,70	88,04	117,39	146,74	176,09	201,84	227,36	252,88	278,40	303,92	329,44
250 000	12,70	25,40	50,80	76,20	101,60	127,00	152,40	177,80	203,20	228,60	254,00	279,40	304,80
	1,91	3,81	7,62	11,43	15,24	19,05	20,00	20,00	20,00	20,00	20,00	20,00	20,00
	2,34	4,67	9,35	14,02	18,69	23,37	27,58	31,65	35,71	39,78	43,84	47,90	51,97
	16,95	33,88	67,77	101,65	135,53	169,42	199,98	229,45	258,91	288,38	317,84	347,30	376,77
300 000	14,45	28,90	57,80	86,70	115,60	144,50	173,40	202,30	231,20	260,10	289,00	317,90	346,80
	2,17	4,34	8,67	13,01	17,34	20,00	20,00	20,00	20,00	20,00	20,00	20,00	20,00
	2,66	5,32	10,64	15,95	21,27	26,32	30,94	35,57	40,19	44,82	49,44	54,06	58,69
	19,28	38,56	77,11	115,66	154,21	190,82	224,34	257,87	291,39	324,92	358,44	391,96	425,49
350 000	16,20	32,40	64,80	97,20	129,60	162,00	194,40	226,80	259,20	291,60	324,00	356,40	388,80
	2,43	4,86	9,72	14,58	19,44	20,00	20,00	20,00	20,00	20,00	20,00	20,00	20,00
	2,98	5,96	11,92	17,88	23,85	29,12	34,30	39,49	44,67	49,86	55,04	60,22	65,41
	21,61	43,22	86,44	129,66	172,89	211,12	248,70	286,29	323,87	361,46	399,04	436,62	474,21
400 000	17,65	35,30	70,60	105,90	141,20	176,50	211,80	247,10	282,40	317,70	353,00	388,30	423,60
	2,65	5,30	10,59	15,89	20,00	20,00	20,00	20,00	20,00	20,00	20,00	20,00	20,00
	3,25	6,50	12,99	19,49	25,79	31,44	37,09	42,74	48,38	54,03	59,68	65,33	70,98
	23,55	47,10	94,18	141,28	186,99	227,94	268,89	309,84	350,78	391,73	432,68	473,63	514,58
450 000	19,05	38,10	76,20	114,30	152,40	190,50	228,60	266,70	304,80	342,90	381,00	419,10	457,20
	2,86	5,72	11,43	17,15	20,00	20,00	20,00	20,00	20,00	20,00	20,00	20,00	20,00
	3,51	7,01	14,02	21,03	27,58	33,68	39,78	45,87	51,97	58,06	64,16	70,26	76,35
	25,42	50,83	101,65	152,48	199,98	244,18	288,38	332,57	376,77	420,96	465,16	509,36	553,55
500 000	20,50	41,00	82,00	123,00	164,00	205,00	246,00	287,00	328,00	369,00	410,00	451,00	492,00
	3,08	6,15	12,30	18,45	20,00	20,00	20,00	20,00	20,00	20,00	20,00	20,00	20,00
	3,77	7,54	15,09	22,63	29,44	36,00	42,56	49,12	55,68	62,24	68,80	75,36	81,92
	27,35	54,69	109,39	164,08	213,44	261,00	308,56	356,12	403,68	451,24	498,80	546,36	593,92

Ab 500 000 Euro ergeben sich folgende Erhöhungen der vollen Gebühr (10/10) – in Euro –:
vom Mehrbetrag über 500 000 Euro je angefangene 50 000 Euro

29

---

* Als selbständige Gebühr: 10 Euro (Mindestgebühr).
1) Gegenstandswerte und Gebühren wurden im Verhältnis 2 DM zu 1 Euro umgestellt. Dabei wurde die 10/10 Gebühren nach kaufmännischen Regeln auf volle Euro-Beträge gerundet.

Tabelle D Teil a (Landwirtschaftliche Tabelle – Betriebsfläche* –)[1,2]

Betriebsfläche bis ... ha	1/20	1/10 / 2/20	3/10 / 6/20	5/10 / 10/20	6/10 / 12/20	8/10 / 16/20	9/10 / 18/20	10/10 / 20/20	15/10	20/10
40	14,80	29,60	88,80	148,00	177,60	236,80	266,40	296,00	444,00	592,00
	2,22	4,44	13,32	20,00	20,00	20,00	20,00	20,00	20,00	20,00
	2,72	5,45	16,34	26,88	31,62	41,09	45,82	50,56	74,24	97,92
	19,74	39,49	118,46	194,88	229,22	297,89	332,22	366,56	538,24	709,92
45	15,85	31,70	95,10	158,50	190,20	253,60	285,30	317,00	475,50	634,00
	2,38	4,76	14,27	20,00	20,00	20,00	20,00	20,00	20,00	20,00
	2,92	5,83	17,50	28,56	33,63	43,78	48,85	53,92	79,28	104,64
	21,15	42,29	126,87	207,06	243,83	317,38	354,15	390,92	574,78	758,64
50	16,85	33,70	101,10	168,50	202,20	269,60	303,30	337,00	505,50	674,00
	2,53	5,06	15,17	20,00	20,00	20,00	20,00	20,00	20,00	20,00
	3,10	6,20	18,60	30,16	35,55	46,34	51,73	57,12	84,08	111,04
	22,48	44,96	134,87	218,66	257,75	335,94	375,03	414,12	609,58	805,04
55	17,80	35,60	106,80	178,00	213,60	284,80	320,40	356,00	534,00	712,00
	2,67	5,34	16,02	20,00	20,00	20,00	20,00	20,00	20,00	20,00
	3,28	6,55	19,65	31,68	37,38	48,77	54,46	60,16	88,64	117,12
	23,75	47,49	142,47	229,68	270,98	353,57	394,86	436,16	642,64	849,12
60	18,75	37,50	112,50	187,50	225,00	300,00	337,50	375,00	562,50	750,00
	2,81	5,63	16,88	20,00	20,00	20,00	20,00	20,00	20,00	20,00
	3,45	6,90	20,70	33,20	39,20	51,20	57,20	63,20	93,20	123,20
	25,01	50,03	150,08	240,70	284,20	371,20	414,70	458,20	675,70	893,20
65	19,60	39,20	117,60	196,00	235,20	313,60	352,80	392,00	588,00	784,00
	2,94	5,88	17,64	20,00	20,00	20,00	20,00	20,00	20,00	20,00
	3,61	7,21	21,64	34,56	40,83	53,38	59,65	65,92	97,28	128,64
	26,15	52,29	156,88	250,56	296,03	386,98	432,45	477,92	705,28	932,64
70	20,40	40,80	122,40	204,00	244,80	326,40	367,20	408,00	612,00	816,00
	3,06	6,12	18,36	20,00	20,00	20,00	20,00	20,00	20,00	20,00
	3,75	7,51	22,52	35,84	42,37	55,42	61,95	68,48	101,12	133,76
	27,21	54,43	163,28	259,84	307,17	401,82	449,15	496,48	733,12	969,76
75	21,15	42,30	126,90	211,50	253,80	338,40	380,70	423,00	634,50	846,00
	3,17	6,35	19,04	20,00	20,00	20,00	20,00	20,00	20,00	20,00
	3,89	7,78	23,35	37,04	43,81	57,34	64,11	70,88	104,72	138,56
	28,21	56,43	169,29	268,54	317,61	415,74	464,81	513,88	759,22	1004,56
80	21,85	43,70	131,10	218,50	262,20	349,60	393,30	437,00	655,50	874,00
	3,28	6,56	19,67	20,00	20,00	20,00	20,00	20,00	20,00	20,00
	4,02	8,04	24,12	38,16	45,15	59,14	66,13	73,12	108,08	143,04
	29,15	58,30	174,89	276,66	327,35	428,74	479,43	530,12	783,58	1037,04
85	22,50	45,00	135,00	225,00	270,00	360,00	405,00	450,00	675,00	900,00
	3,38	6,75	20,00	20,00	20,00	20,00	20,00	20,00	20,00	20,00
	4,14	8,28	24,80	39,20	46,40	60,80	68,00	75,20	111,20	147,20
	30,02	60,03	179,80	284,20	336,40	440,80	493,00	545,20	806,20	1067,20

* Im Sinne von § 39 Abs. 6.

1) Die 10/10 Gebühren wurden nach dem offiziellen Euro-Kurs umgerechnet und nach kaufmännischen Regeln auf den nächsten vollen Euro-Betrag gerundet.

2) Die in dieser Tabelle ausgewiesenen Beträge für Entgeltpauschale, Umsatzsteuer und Gesamtgebühr sind nur in den Fällen des § 39 Abs. 4 anzuwenden (Einrichtung der Buchführung, Erfassung der Anfangswerte bei Buchführungsbeginn). In allen anderen Fällen ist zunächst die Gebühr aus der Summe nach den Tabellen D Teil und Teil b zu ermitteln und anschließend sind Entgeltpauschale und Umsatzsteuer hinzu zu addieren.

Tabelle D Teil a (Landwirtschaftliche Tabelle – Betriebsfläche* –)[1,2]   Anlage 4

Betriebsfläche bis ... ha	1/20	1/10 2/20	3/10 6/20	5/10 10/20	6/10 12/20	8/10 16/20	9/10 18/20	10/10 20/20	15/10	20/10
90	23,10	46,20	138,60	231,00	277,20	369,60	415,80	462,00	693,00	924,00
	3,47	6,93	20,00	20,00	20,00	20,00	20,00	20,00	20,00	20,00
	4,25	8,50	25,38	40,16	47,55	62,34	69,73	77,12	114,08	151,04
	30,82	61,63	183,98	291,16	344,75	451,94	505,53	559,12	827,08	1095,04
95	23,60	47,20	141,60	236,00	283,20	377,60	424,80	472,00	708,00	944,00
	3,54	7,08	20,00	20,00	20,00	20,00	20,00	20,00	20,00	20,00
	4,34	8,68	25,86	40,96	48,51	63,62	71,17	78,72	116,48	154,24
	31,48	62,96	187,46	296,96	351,71	461,22	515,97	570,72	844,48	1118,24
100	24,10	48,20	144,60	241,00	289,20	385,60	433,80	482,00	723,00	964,00
	3,62	7,23	20,00	20,00	20,00	20,00	20,00	20,00	20,00	20,00
	4,44	8,87	26,34	41,76	49,47	64,90	72,61	80,32	118,88	157,44
	32,16	64,30	190,94	302,76	358,67	470,50	526,41	582,32	861,88	1141,44
110	25,30	50,60	151,80	253,00	303,60	404,80	455,40	506,00	759,00	1012,00
	3,80	7,59	20,00	20,00	20,00	20,00	20,00	20,00	20,00	20,00
	4,66	9,31	27,49	43,68	51,78	67,97	76,06	84,16	124,64	165,12
	33,76	67,50	199,29	316,68	375,38	492,77	551,46	610,16	903,64	1197,12
120	26,45	52,90	158,70	264,50	317,40	423,20	476,10	529,00	793,50	1058,00
	3,97	7,94	20,00	20,00	20,00	20,00	20,00	20,00	20,00	20,00
	4,87	9,73	28,59	45,52	53,98	70,91	79,38	87,84	130,16	172,48
	35,29	70,57	207,29	330,02	391,38	514,11	575,48	636,84	943,66	1250,48
130	27,55	55,10	165,30	275,50	330,60	440,80	495,90	551,00	826,50	1102,00
	4,13	8,27	20,00	20,00	20,00	20,00	20,00	20,00	20,00	20,00
	5,07	10,14	29,65	47,28	56,10	73,73	82,54	91,36	135,44	179,52
	36,75	73,51	214,95	342,78	406,70	534,53	598,44	662,36	981,94	1301,52
140	28,65	57,30	171,90	286,50	343,80	458,40	515,70	573,00	859,50	1146,00
	4,30	8,60	20,00	20,00	20,00	20,00	20,00	20,00	20,00	20,00
	5,27	10,54	30,70	49,04	58,21	76,54	85,71	94,88	140,72	186,56
	38,22	76,44	222,60	355,54	422,01	554,94	621,41	687,88	1020,22	1352,56
150	29,75	59,50	178,50	297,50	357,00	476,00	535,50	595,00	892,50	1190,00
	4,46	8,93	20,00	20,00	20,00	20,00	20,00	20,00	20,00	20,00
	5,47	10,95	31,76	50,80	60,32	79,36	88,88	98,40	146,00	193,60
	39,68	79,38	230,26	368,30	437,32	575,36	644,38	713,40	1058,50	1403,60
160	30,80	61,60	184,80	308,00	369,60	492,80	554,40	616,00	924,00	1232,00
	4,62	9,24	20,00	20,00	20,00	20,00	20,00	20,00	20,00	20,00
	5,67	11,33	32,77	52,48	62,34	82,05	91,90	101,76	151,04	200,32
	41,09	82,17	237,57	380,48	451,94	594,85	666,30	737,76	1095,04	1452,32
170	31,80	63,60	190,80	318,00	381,60	508,80	572,40	636,00	954,00	1272,00
	4,77	9,54	20,00	20,00	20,00	20,00	20,00	20,00	20,00	20,00
	5,85	11,70	33,73	54,08	64,26	84,61	94,78	104,96	155,84	206,72
	42,42	84,84	244,53	392,08	465,86	613,41	687,18	760,96	1129,84	1498,72

* Im Sinne von § 39 Abs. 6.

1) Die 10/10 Gebühren wurden nach dem offiziellen Euro-Kurs umgerechnet und nach kaufmännischen Regeln auf den nächsten vollen Euro-Betrag gerundet.

2) Die in dieser Tabelle ausgewiesenen Beträge für Entgeltpauschale, Umsatzsteuer und Gesamtgebühr sind nur in den Fällen des § 39 Abs. 4 anzuwenden (Einrichtung der Buchführung, Erfassung der Anfangswerte bei Buchführungsbeginn). In allen anderen Fällen ist zunächst die Gebühr aus der Summe nach den Tabellen D Teil a und Teil b zu ermitteln und anschließend sind Entgeltpauschale und Umsatzsteuer hinzu zu addieren.

Tabelle D Teil a (Landwirtschaftliche Tabelle – Betriebsfläche* –)[1,2]

Betriebsfläche bis ... ha	1/20	1/10 / 2/20	3/10 / 6/20	5/10 / 10/20	6/10 / 12/20	8/10 / 16/20	9/10 / 18/20	10/10 / 20/20	15/10	20/10
180	32,80	65,60	196,80	328,00	393,60	524,80	590,40	656,00	984,00	1312,00
	4,92	9,84	20,00	20,00	20,00	20,00	20,00	20,00	20,00	20,00
	6,04	12,07	34,69	55,68	66,18	87,17	97,66	108,16	160,64	213,12
	43,76	**87,51**	**251,49**	**403,68**	**479,78**	**631,97**	**708,06**	**784,16**	**1164,64**	**1545,12**
190	33,75	67,50	202,50	337,50	405,00	540,00	607,50	675,00	1012,50	1350,00
	5,06	10,13	20,00	20,00	20,00	20,00	20,00	20,00	20,00	20,00
	6,21	12,42	35,60	57,20	68,00	89,60	100,40	111,20	165,20	219,20
	45,02	**90,05**	**258,10**	**414,70**	**493,00**	**649,60**	**727,90**	**806,20**	**1197,70**	**1589,20**
200	34,70	69,40	208,20	347,00	416,40	555,20	624,60	694,00	1041,00	1388,00
	5,21	10,41	20,00	20,00	20,00	20,00	20,00	20,00	20,00	20,00
	6,39	12,77	36,51	58,72	69,82	92,03	103,14	114,24	169,76	225,28
	46,30	**92,58**	**264,71**	**425,72**	**506,22**	**667,23**	**747,74**	**828,24**	**1230,76**	**1633,28**
210	35,60	71,20	213,60	356,00	427,20	569,60	640,80	712,00	1068,00	1424,00
	5,34	10,68	20,00	20,00	20,00	20,00	20,00	20,00	20,00	20,00
	6,55	13,10	37,38	60,16	71,55	94,34	105,73	117,12	174,08	231,04
	47,49	**94,98**	**270,98**	**436,16**	**518,75**	**683,94**	**766,53**	**849,12**	**1262,08**	**1675,04**
220	36,50	73,00	219,00	365,00	438,00	584,00	657,00	730,00	1095,00	1460,00
	5,48	10,95	20,00	20,00	20,00	20,00	20,00	20,00	20,00	20,00
	6,72	13,43	38,24	61,60	73,28	96,64	108,32	120,00	178,40	236,80
	48,70	**97,38**	**277,24**	**446,60**	**531,28**	**700,64**	**785,32**	**870,00**	**1293,40**	**1716,80**
230	37,40	74,80	224,40	374,00	448,80	598,40	673,20	748,00	1122,00	1496,00
	5,61	11,22	20,00	20,00	20,00	20,00	20,00	20,00	20,00	20,00
	6,88	13,76	39,10	63,04	75,01	98,94	110,91	122,88	182,72	242,56
	49,89	**99,78**	**283,50**	**457,04**	**543,81**	**717,34**	**804,11**	**890,88**	**1324,72**	**1758,56**
240	38,20	76,40	229,20	382,00	458,40	611,20	687,60	764,00	1146,00	1528,00
	5,73	11,46	20,00	20,00	20,00	20,00	20,00	20,00	20,00	20,00
	7,03	14,06	39,87	64,32	76,54	100,99	113,22	125,44	186,56	247,68
	50,96	**101,92**	**289,07**	**466,32**	**554,94**	**732,19**	**820,82**	**909,44**	**1352,56**	**1795,68**
250	39,00	78,00	234,00	390,00	468,00	624,00	702,00	780,00	1170,00	1560,00
	5,85	11,70	20,00	20,00	20,00	20,00	20,00	20,00	20,00	20,00
	7,18	14,35	40,64	65,60	78,08	103,04	115,52	128,00	190,40	252,80
	52,03	**104,05**	**294,64**	**475,60**	**566,08**	**747,04**	**837,52**	**928,00**	**1380,40**	**1832,80**
260	39,80	79,60	238,80	398,00	477,60	636,80	716,40	796,00	1194,00	1592,00
	5,97	11,94	20,00	20,00	20,00	20,00	20,00	20,00	20,00	20,00
	7,32	14,65	41,41	66,88	79,62	105,09	117,82	130,56	194,24	257,92
	53,09	**106,19**	**300,21**	**484,88**	**577,22**	**761,89**	**854,22**	**946,56**	**1408,24**	**1869,92**
270	40,55	81,10	243,30	405,50	486,60	648,80	729,90	811,00	1216,50	1622,00
	6,08	12,17	20,00	20,00	20,00	20,00	20,00	20,00	20,00	20,00
	7,46	14,92	42,13	68,08	81,06	107,01	119,98	132,96	197,84	262,72
	54,09	**108,19**	**305,43**	**493,58**	**587,66**	**775,81**	**869,88**	**963,96**	**1434,34**	**1904,72**

---

* Im Sinne von § 39 Abs. 6.
1) Die 10/10 Gebühren wurden nach dem offiziellen Euro-Kurs umgerechnet und nach kaufmännischen Regeln auf den nächsten vollen Euro-Betrag gerundet.
2) Die in dieser Tabelle ausgewiesenen Beträge für Entgeltpauschale, Umsatzsteuer und Gesamtgebühr sind nur in den Fällen des § 39 Abs. 4 anzuwenden (Einrichtung der Buchführung, Erfassung der Anfangswerte bei Buchführungsbeginn). In allen anderen Fällen ist zunächst die Gebühr aus der Summe nach den Tabellen D Teil a und Teil b zu ermitteln und anschließend sind Entgeltpauschale und Umsatzsteuer hinzu zu addieren.

Betriebsfläche bis ... ha	1/20	1/10 2/20	3/10 6/20	5/10 10/20	6/10 12/20	8/10 16/20	9/10 18/20	10/10 20/20	15/10	20/10
280	41,25	82,50	247,50	412,50	495,00	660,00	742,50	825,00	1237,50	1650,00
	6,19	12,38	20,00	20,00	20,00	20,00	20,00	20,00	20,00	20,00
	7,59	15,18	42,80	69,20	82,40	108,80	122,00	135,20	201,20	267,20
	55,03	110,06	310,30	501,70	597,40	788,80	884,50	980,20	1458,70	1937,20
290	41,95	83,90	251,70	419,50	503,40	671,20	755,10	839,00	1258,50	1678,00
	6,29	12,59	20,00	20,00	20,00	20,00	20,00	20,00	20,00	20,00
	7,72	15,44	43,47	70,32	83,74	110,59	124,02	137,44	204,56	271,68
	55,96	111,93	315,17	509,82	607,14	801,79	899,12	996,44	1483,06	1969,68
300	42,60	85,20	255,60	426,00	511,20	681,60	766,80	852,00	1278,00	1704,00
	6,39	12,78	20,00	20,00	20,00	20,00	20,00	20,00	20,00	20,00
	7,84	15,68	44,10	71,36	84,99	112,26	125,89	139,52	207,68	275,84
	56,83	113,66	319,70	517,36	616,19	813,86	912,69	1011,52	1505,68	1999,84
320	44,00	88,00	264,00	440,00	528,00	704,00	792,00	880,00	1320,00	1760,00
	6,60	13,20	20,00	20,00	20,00	20,00	20,00	20,00	20,00	20,00
	8,10	16,19	45,44	73,60	87,68	115,84	129,92	144,00	214,40	284,80
	58,70	117,39	329,44	533,60	635,68	839,84	941,92	1044,00	1554,40	2064,80
340	45,40	90,80	272,40	454,00	544,80	726,40	817,20	908,00	1362,00	1816,00
	6,81	13,62	20,00	20,00	20,00	20,00	20,00	20,00	20,00	20,00
	8,35	16,71	46,78	75,84	90,37	119,42	133,95	148,48	221,12	293,76
	60,56	121,13	339,18	549,84	655,17	865,82	971,15	1076,48	1603,12	2129,76
360	46,75	93,50	280,50	467,50	561,00	748,00	841,50	935,00	1402,50	1870,00
	7,01	14,03	20,00	20,00	20,00	20,00	20,00	20,00	20,00	20,00
	8,60	17,20	48,08	78,00	92,96	122,88	137,84	152,80	227,60	302,40
	62,36	124,73	348,58	565,50	673,96	890,88	999,34	1107,80	1650,10	2192,40
380	48,05	96,10	288,30	480,50	576,60	768,80	864,90	961,00	1441,50	1922,00
	7,21	14,42	20,00	20,00	20,00	20,00	20,00	20,00	20,00	20,00
	8,84	17,68	49,33	80,08	95,46	126,21	141,58	156,96	233,84	310,72
	64,10	128,20	357,63	580,58	692,06	915,01	1026,48	1137,96	1695,34	2252,72
400	49,35	98,70	296,10	493,50	592,20	789,60	888,30	987,00	1480,50	1974,00
	7,40	14,81	20,00	20,00	20,00	20,00	20,00	20,00	20,00	20,00
	9,08	18,16	50,58	82,16	97,95	129,54	145,33	161,12	240,08	319,04
	65,83	131,67	366,68	595,66	710,15	939,14	1053,63	1168,12	1740,58	2313,04
420	50,60	101,20	303,60	506,00	607,20	809,60	910,80	1012,00	1518,00	2024,00
	7,59	15,18	20,00	20,00	20,00	20,00	20,00	20,00	20,00	20,00
	9,31	18,62	51,78	84,16	100,35	132,74	148,93	165,12	246,08	327,04
	67,50	135,00	375,38	610,16	727,55	962,34	1079,73	1197,12	1784,08	2371,04
440	51,85	103,70	311,10	518,50	622,20	829,60	933,30	1037,00	1555,50	2074,00
	7,78	15,56	20,00	20,00	20,00	20,00	20,00	20,00	20,00	20,00
	9,54	19,08	52,98	86,16	102,75	135,94	152,53	169,12	252,08	335,04
	69,17	138,34	384,08	624,66	744,95	985,54	1105,83	1226,12	1827,58	2429,04

* Im Sinne von § 39 Abs. 6.
1) Die 10/10 Gebühren wurden nach dem offiziellen Euro-Kurs umgerechnet und nach kaufmännischen Regeln auf den nächsten vollen Euro-Betrag gerundet.
2) Die in dieser Tabelle ausgewiesenen Beträge für Entgeltpauschale, Umsatzsteuer und Gesamtgebühr sind nur in den Fällen des § 39 Abs. 4 anzuwenden (Einrichtung der Buchführung, Erfassung der Anfangswerte bei Buchführungsbeginn). In allen anderen Fällen ist zunächst die Gebühr aus der Summe nach den Tabellen D Teil a und Teil b zu ermitteln und anschließend sind Entgeltpauschale und Umsatzsteuer hinzu zu addieren.

Anlage 4 Tabelle D Teil a (Landwirtschaftliche Tabelle – Betriebsfläche* –)[1,2]

Betriebsfläche bis ... ha	1/20	1/10 2/20	3/10 6/20	5/10 10/20	6/10 12/20	8/10 16/20	9/10 18/20	10/10 20/20	15/10	20/10
460	53,05	106,10	318,30	530,50	636,60	848,80	954,90	1061,00	1591,50	2122,00
	7,96	15,92	20,00	20,00	20,00	20,00	20,00	20,00	20,00	20,00
	9,76	19,52	54,13	88,08	105,06	139,01	155,98	172,96	257,84	342,72
	70,77	141,54	392,43	638,58	761,66	1007,81	1130,88	1253,96	1869,34	2484,72
480	54,20	108,40	325,20	542,00	650,40	867,20	975,60	1084,00	1626,00	2168,00
	8,13	16,26	20,00	20,00	20,00	20,00	20,00	20,00	20,00	20,00
	9,97	19,95	55,23	89,92	107,26	141,95	159,30	176,64	263,36	350,08
	72,30	144,61	400,43	651,92	777,66	1029,15	1154,90	1280,64	1909,36	2538,08
500	55,35	110,70	332,10	553,50	664,20	885,60	996,30	1107,00	1660,50	2214,00
	8,30	16,61	20,00	20,00	20,00	20,00	20,00	20,00	20,00	20,00
	10,18	20,37	56,34	91,76	109,47	144,90	162,61	180,32	268,88	357,44
	73,83	147,68	408,44	665,26	793,67	1050,50	1178,91	1307,32	1949,38	2591,44
520	56,50	113,00	339,00	565,00	678,00	904,00	1017,00	1130,00	1695,00	2260,00
	8,48	16,95	20,00	20,00°	20,00	20,00	20,00	20,00	20,00	20,00
	10,40	20,79	57,44	93,60	111,68	147,84	165,92	184,00	274,40	364,80
	75,38	150,74	416,44	678,60	809,68	1071,84	1202,92	1334,00	1989,40	2644,80
540	57,60	115,20	345,60	576,00	691,20	921,60	1036,80	1152,00	1728,00	2304,00
	8,64	17,28	20,00	20,00	20,00	20,00	20,00	20,00	20,00	20,00
	10,60	21,20	58,50	95,36	113,79	150,66	169,09	187,52	279,68	371,84
	76,84	153,68	424,10	691,36	824,99	1092,26	1225,89	1359,52	2027,68	2695,84
560	58,65	117,30	351,90	586,50	703,80	938,40	1055,70	1173,00	1759,50	2346,00
	8,80	17,60	20,00	20,00	20,00	20,00	20,00	20,00	20,00	20,00
	10,79	21,58	59,50	97,04	115,81	153,34	172,11	190,88	284,72	378,56
	78,24	156,48	431,40	703,54	839,61	1111,74	1247,81	1383,88	2064,22	2744,56
580	59,70	119,40	358,20	597,00	716,40	955,20	1074,60	1194,00	1791,00	2388,00
	8,96	17,91	20,00	20,00	20,00	20,00	20,00	20,00	20,00	20,00
	10,99	21,97	60,51	98,72	117,82	156,03	175,14	194,24	289,76	385,28
	79,65	159,28	438,71	715,72	854,22	1131,23	1269,74	1408,24	2100,76	2793,28
600	60,75	121,50	364,50	607,50	729,00	972,00	1093,50	1215,00	1822,50	2430,00
	9,11	18,23	20,00	20,00	20,00	20,00	20,00	20,00	20,00	20,00
	11,18	22,36	61,52	100,40	119,84	158,72	178,16	197,60	294,80	392,00
	81,04	162,09	446,02	727,90	868,84	1150,72	1291,66	1432,60	2137,30	2842,00
620	61,75	123,50	370,50	617,50	741,00	988,00	1111,50	1235,00	1852,50	2470,00
	9,26	18,52	20,00	20,00	20,00	20,00	20,00	20,00	20,00	20,00
	11,36	22,72	62,48	102,00	121,76	161,28	181,04	200,80	299,60	398,40
	82,37	164,74	452,98	739,50	882,76	1169,28	1312,54	1455,80	2172,10	2888,40
640	62,70	125,40	376,20	627,00	752,40	1003,20	1128,60	1254,00	1881,00	2508,00
	9,40	18,81	20,00	20,00	20,00	20,00	20,00	20,00	20,00	20,00
	11,54	23,07	63,39	103,52	123,58	163,71	183,78	203,84	304,16	404,48
	83,64	167,28	459,59	750,52	895,98	1186,91	1332,38	1477,84	2205,16	2932,48

* Im Sinne von § 39 Abs. 6.
1) Die 10/10 Gebühren wurden nach dem offiziellen Euro-Kurs umgerechnet und nach kaufmännischen Regeln auf den nächsten vollen Euro-Betrag gerundet.
2) Die in dieser Tabelle ausgewiesenen Beträge für Entgeltpauschale, Umsatzsteuer und Gesamtgebühr sind nur in den Fällen des § 39 Abs. 4 anzuwenden (Einrichtung der Buchführung, Erfassung der Anfangswerte bei Buchführungsbeginn). In allen anderen Fällen ist zunächst die Gebühr aus der Summe nach den Tabellen D Teil a und Teil b zu ermitteln und anschließend sind Entgeltpauschale und Umsatzsteuer hinzu zu addieren.

Betriebsfläche bis ... ha	1/20	1/10 2/20	3/10 6/20	5/10 10/20	6/10 12/20	8/10 16/20	9/10 18/20	10/10 20/20	15/10	20/10
660	63,65	127,30	381,90	636,50	763,80	1018,40	1145,70	1273,00	1909,50	2546,00
	9,55	19,10	20,00	20,00	20,00	20,00	20,00	20,00	20,00	20,00
	11,71	23,42	64,30	105,04	125,41	166,14	186,51	206,88	308,72	410,56
	84,91	**169,82**	**466,20**	**761,54**	**909,21**	**1204,54**	**1352,21**	**1499,88**	**2238,22**	**2976,56**
680	64,55	129,10	387,30	645,50	774,60	1032,80	1161,90	1291,00	1936,50	2582,00
	9,68	19,36	20,00	20,00	20,00	20,00	20,00	20,00	20,00	20,00
	11,88	23,75	65,17	106,48	127,14	168,45	189,10	209,76	313,04	416,32
	86,11	**172,21**	**472,47**	**771,98**	**921,74**	**1221,25**	**1371,00**	**1520,76**	**2269,54**	**3018,32**
700	65,45	130,90	392,70	654,50	785,40	1047,20	1178,10	1309,00	1963,50	2618,00
	9,82	19,64	20,00	20,00	20,00	20,00	20,00	20,00	20,00	20,00
	12,04	24,09	66,03	107,92	128,86	170,75	191,70	212,64	317,36	422,08
	87,31	**174,63**	**478,73**	**782,42**	**934,26**	**1237,95**	**1389,80**	**1541,64**	**2300,86**	**3060,08**
750	67,45	134,90	404,70	674,50	809,40	1079,20	1214,10	1349,00	2023,50	2698,00
	10,12	20,00	20,00	20,00	20,00	20,00	20,00	20,00	20,00	20,00
	12,41	24,78	67,95	111,12	132,70	175,87	197,46	219,04	326,96	434,88
	89,98	**179,68**	**492,65**	**805,62**	**962,10**	**1275,07**	**1431,56**	**1588,04**	**2370,46**	**3152,88**
800	69,25	138,50	415,50	692,50	831,00	1108,00	1246,50	1385,00	2077,50	2770,00
	10,39	20,00	20,00	20,00	20,00	20,00	20,00	20,00	20,00	20,00
	12,74	25,36	69,68	114,00	136,16	180,48	202,64	224,80	335,60	446,40
	92,38	**183,86**	**505,18**	**826,50**	**987,16**	**1308,48**	**1469,14**	**1629,80**	**2433,10**	**3236,40**
850	70,75	141,50	424,50	707,50	849,00	1132,00	1273,50	1415,00	2122,50	2830,00
	10,61	20,00	20,00	20,00	20,00	20,00	20,00	20,00	20,00	20,00
	13,02	25,84	71,12	116,40	139,04	184,32	206,96	229,60	342,80	456,00
	94,38	**187,34**	**515,62**	**843,90**	**1008,04**	**1336,32**	**1500,46**	**1664,60**	**2485,30**	**3306,00**
900	72,05	144,10	432,30	720,50	864,60	1152,80	1296,90	1441,00	2161,50	2882,00
	10,81	20,00	20,00	20,00	20,00	20,00	20,00	20,00	20,00	20,00
	13,26	26,26	72,37	118,48	141,54	187,65	210,70	233,76	349,04	464,32
	96,12	**190,36**	**524,67**	**858,98**	**1026,14**	**1360,45**	**1527,60**	**1694,76**	**2530,54**	**3366,32**
950	73,10	146,20	438,60	731,00	877,20	1169,60	1315,80	1462,00	2193,00	2924,00
	10,97	20,00	20,00	20,00	20,00	20,00	20,00	20,00	20,00	20,00
	13,45	26,59	73,38	120,16	143,55	190,34	213,73	237,12	354,08	471,04
	97,52	**192,79**	**531,98**	**871,16**	**1040,75**	**1379,94**	**1549,53**	**1719,12**	**2567,08**	**3415,04**
1000	73,90	147,80	443,40	739,00	886,80	1182,40	1330,20	1478,00	2217,00	2956,00
	11,09	20,00	20,00	20,00	20,00	20,00	20,00	20,00	20,00	20,00
	13,60	26,85	74,14	121,44	145,09	192,38	216,03	239,68	357,92	476,16
	98,59	**194,65**	**537,54**	**880,44**	**1051,89**	**1394,78**	**1566,23**	**1737,68**	**2594,92**	**3452,16**

Ab 1000 Hektar ergeben sich folgende Erhöhungen der vollen Gebühr (10/10) – in Euro –:

bis	2000 je ha	1,35 mehr	bis 8000 je ha	0,61 mehr
bis	3000 je ha	1,23 mehr	bis 9000 je ha	0,49 mehr
bis	4000 je ha	1,10 mehr	bis 10 000 je ha	0,36 mehr
bis	5000 je ha	0,98 mehr	bis 11 000 je ha	0,24 mehr
bis	6000 je ha	0,86 mehr	bis 12 000 je ha	0,12 mehr
bis	7000 je ha	0,74 mehr	ab 12 000 je ha	0,12 mehr

---

* Im Sinne von § 39 Abs. 6.

1) Die 10/10 Gebühren wurden nach dem offiziellen Euro-Kurs umgerechnet und nach kaufmännischen Regeln auf den nächsten vollen Euro-Betrag gerundet.

2) Die in dieser Tabelle ausgewiesenen Beträge für Entgeltpauschale, Umsatzsteuer und Gesamtgebühr sind nur in den Fällen des § 39 Abs. 4 anzuwenden (Einrichtung der Buchführung, Erfassung der Anfangswerte bei Buchführungsbeginn). In allen anderen Fällen ist zunächst die Gebühr aus der Summe nach den Tabellen D Teil a und Teil b zu ermitteln und anschließend sind Entgeltpauschale und Umsatzsteuer hinzu zu addieren.

Tabelle D Teil b (Landwirtschaftliche Tabelle – Jahresumsatz* –)[1,2]

Wert*	(10/10)	Wert*	(10/10)
40 000	308	245 000	1386
42 500	323	250 000	1409
45 000	338	255 000	1432
47 500	354	260 000	1456
50 000	369	265 000	1478
55 000	399	270 000	1501
60 000	428	275 000	1523
65 000	458	280 000	1545
70 000	486	285 000	1567
75 000	515	290 000	1589
80 000	544	295 000	1610
85 000	572	300 000	1631
90 000	600	305 000	1652
95 000	628	310 000	1673
100 000	655	315 000	1693
105 000	682	320 000	1713
110 000	709	325 000	1733
115 000	736	330 000	1753
120 000	763	335 000	1772
125 000	789	340 000	1791
130 000	815	345 000	1810
135 000	841	350 000	1828
140 000	868	355 000	1847
145 000	893	360 000	1865
150 000	919	365 000	1882
155 000	945	370 000	1900
160 000	970	375 000	1917
165 000	996	380 000	1929
170 000	1021	385 000	1951
175 000	1046	390 000	1967
180 000	1071	395 000	1983
185 000	1096	400 000	1999
190 000	1121	410 000	2030
195 000	1146	420 000	2061
200 000	1170	430 000	2092
205 000	1195	440 000	2122
210 000	1219	450 000	2151
215 000	1243	460 000	2180
220 000	1268	470 000	2208
225 000	1292	480 000	2235
230 000	1315	490 000	2260
235 000	1339	500 000	2285
240 000	1363		

Ab 500 000 Euro ergeben sich folgenden Erhöhungen der vollen Gebühr (10/10) – in Euro –:

Vom Mehrbetrag über 500 000 Euro je angefangene 50 000 Euro   263

---

*   Im Sinne von § 39 Abs. 5.

1) Die Gegenstandswerte (Jahresumsatz) und die Gebühren wurden im Verhältnis 2 DM zu 1 Euro umgestellt. Die 10/10 Gebühren wurden dabei jeweils nach kaufmännischen Regeln auf volle Euro-Beträge gerundet.

2) Die Gebühr wird in den Fällen des § 39 Abs. 2 und 3 aus der Summe der Gebühren nach Tabelle D Teil a und Teil b ermittelt.

Tabelle E (Rechtsbehelfstabelle)[1]

Wert bis	1/10	2/10	3/10	4/10	5/10	6/10	7/10	7,5/10	8/10	9/10	10/10	16/10	20/10
300	2,50*	5,00*	7,50*	10,00	12,50	15,00	17,50	18,75	20,00	22,50	25,00	40,00	50,00
	0,38	0,75	1,13	1,50	1,88	2,25	2,63	2,81	3,00	3,38	3,75	6,00	7,50
	0,46	0,92	1,38	1,84	2,30	2,76	3,22	3,45	3,68	4,14	4,60	7,36	9,20
	3,34	**6,67**	**10,01**	**13,34**	**16,68**	**20,01**	**23,35**	**25,01**	**26,68**	**30,02**	**33,35**	**53,36**	**66,70**
600	4,50*	9,00*	13,50	18,00	22,50	27,00	31,50	33,75	36,00	40,50	45,00	72,00	90,00
	0,68	1,35	2,03	2,70	3,38	4,05	4,72	5,06	5,40	6,08	6,75	10,80	13,50
	0,83	1,66	2,48	3,31	4,14	4,97	5,80	6,21	6,62	7,45	8,28	13,25	16,56
	6,01	**12,01**	**18,01**	**24,01**	**30,02**	**36,02**	**42,02**	**45,02**	**48,02**	**54,03**	**60,03**	**96,05**	**120,06**
900	6,50*	13,00	19,50	26,00	32,50	39,00	45,50	48,75	52,00	58,50	65,00	104,00	130,00
	0,98	1,95	2,93	3,90	4,88	5,85	6,83	7,31	7,80	8,78	9,75	15,60	19,50
	1,20	2,39	3,59	4,78	5,98	7,18	8,37	8,97	9,57	10,76	11,96	19,14	23,92
	8,68	**17,34**	**26,02**	**34,68**	**43,36**	**52,03**	**60,70**	**65,03**	**69,37**	**78,04**	**86,71**	**138,74**	**173,42**
1200	8,50*	17,00	25,50	34,00	42,50	51,00	59,50	63,75	68,00	76,50	85,00	136,00	170,00
	1,27	2,55	3,83	5,10	6,38	7,65	8,93	9,56	10,20	11,48	12,75	20,00	20,00
	1,56	3,13	4,69	6,26	7,82	9,38	10,95	11,73	12,51	14,08	15,64	24,96	30,40
	11,33	**22,68**	**34,02**	**45,36**	**56,70**	**68,03**	**79,38**	**85,04**	**90,71**	**102,06**	**113,39**	**180,96**	**220,40**
1500	10,50	21,00	31,50	42,00	52,50	63,00	73,50	78,75	84,00	94,50	105,00	168,00	210,00
	1,58	3,15	4,72	6,30	7,88	9,45	11,03	11,81	12,60	14,18	15,75	20,00	20,00
	1,93	3,86	5,80	7,73	9,66	11,59	13,52	14,49	15,46	17,39	19,32	30,08	36,80
	14,01	**28,01**	**42,02**	**56,03**	**70,04**	**84,04**	**98,05**	**105,05**	**112,06**	**126,07**	**140,07**	**218,08**	**266,80**
2000	13,30	26,60	39,90	53,20	66,50	79,80	93,10	99,75	106,40	119,70	133,00	212,80	266,00
	2,00	3,99	5,99	7,98	9,98	11,97	13,97	14,96	15,96	17,95	19,95	20,00	20,00
	2,45	4,89	7,34	9,79	12,24	14,68	17,13	18,35	19,58	22,02	24,47	37,25	45,76
	17,75	**35,48**	**53,23**	**70,97**	**88,72**	**106,45**	**124,20**	**133,06**	**141,94**	**159,67**	**177,42**	**270,05**	**331,76**
2500	16,10	32,20	48,30	64,40	80,50	96,60	112,70	120,75	128,80	144,90	161,00	257,60	322,00
	2,42	4,83	7,25	9,66	12,08	14,49	16,91	18,11	19,32	20,00	20,00	20,00	20,00
	2,96	5,92	8,89	11,85	14,81	17,77	20,74	22,22	23,70	26,38	28,96	44,42	54,72
	21,48	**42,95**	**64,44**	**85,91**	**107,39**	**128,86**	**150,35**	**161,08**	**171,82**	**191,28**	**209,96**	**322,02**	**396,72**
3000	18,90	37,80	56,70	75,60	94,50	113,40	132,30	141,75	151,20	170,10	189,00	302,40	378,00
	2,84	5,67	8,51	11,34	14,18	17,01	19,85	20,00	20,00	20,00	20,00	20,00	20,00
	3,48	6,96	10,43	13,91	17,39	20,87	24,34	25,88	27,39	30,42	33,44	51,58	63,68
	25,22	**50,43**	**75,64**	**100,85**	**126,07**	**151,28**	**176,49**	**187,63**	**198,59**	**220,52**	**242,44**	**373,98**	**461,68**
3500	21,70	43,40	65,10	86,80	108,50	130,20	151,90	162,75	173,60	195,30	217,00	347,20	434,00
	3,26	6,51	9,76	13,02	16,27	19,53	20,00	20,00	20,00	20,00	20,00	20,00	20,00
	3,99	7,99	11,98	15,97	19,96	23,96	27,50	29,24	30,98	34,45	37,92	58,75	72,64
	28,95	**57,90**	**86,84**	**115,79**	**144,73**	**173,69**	**199,40**	**211,99**	**224,58**	**249,75**	**274,92**	**425,95**	**526,64**
4000	24,50	49,00	73,50	98,00	122,50	147,00	171,50	183,75	196,00	220,50	245,00	392,00	490,00
	3,68	7,35	11,03	14,70	18,38	20,00	20,00	20,00	20,00	20,00	20,00	20,00	20,00
	4,51	9,02	13,52	18,03	22,54	26,72	30,64	32,60	34,56	38,48	42,40	65,92	81,60
	32,69	**65,37**	**98,05**	**130,73**	**163,42**	**193,72**	**222,14**	**236,35**	**250,56**	**278,98**	**307,40**	**477,92**	**591,60**
4500	27,30	54,60	81,90	109,20	136,50	163,80	191,10	204,75	218,40	245,70	273,00	436,80	546,00
	4,10	8,19	12,29	16,38	20,00	20,00	20,00	20,00	20,00	20,00	20,00	20,00	20,00
	5,02	10,05	15,07	20,09	25,04	29,41	33,78	35,96	38,14	42,51	46,88	73,09	90,56
	36,42	**72,84**	**109,26**	**145,67**	**181,54**	**213,21**	**244,88**	**260,71**	**276,54**	**308,21**	**339,88**	**529,89**	**656,56**

* Als selbständige Gebühr: 10 Euro (Mindestgebühr).
1) Die Gegenstandswerte wurden in Anlehnung an die entsprechenden Werte der Tabelle nach § 11 Abs. 1 BRAGO festgesetzt. Es handelt sich dabei im Wesentlichen um eine Umstellung im Verhältnis 2 DM zu 1 Euro, wobei die Euro-Beträge jedoch auf volle 1000 aufgerundet wurden. Die vollen Euro-Gebühren wurden in Anlehnung an die Werte der Tabelle nach § 11 Abs. 1 BRAGO ermittelt. Auch bei den Gebühren handelt es sich im Wesentlichen um eine Umstellung 2 DM zu 1 Euro, jedoch ergeben sich teilweise Abweichungen.

Wert bis	1/10	2/10	3/10	4/10	5/10	6/10	7/10	7,5/10	8/10	9/10	10/10	16/10	20/10
5000	30,10	60,20	90,30	120,40	150,50	180,60	210,70	225,75	240,80	270,90	301,00	481,60	602,00
	4,51	9,03	13,55	18,06	20,00	20,00	20,00	20,00	20,00	20,00	20,00	20,00	20,00
	5,54	11,08	16,62	22,15	27,28	32,10	36,91	39,32	41,73	46,54	51,36	80,26	99,52
	40,15	80,31	120,47	160,61	197,78	232,70	267,61	285,07	302,53	337,44	372,36	581,86	721,52
6000	33,80	67,60	101,40	135,20	169,00	202,80	236,60	253,50	270,40	304,20	338,00	540,80	676,00
	5,07	10,14	15,21	20,00	20,00	20,00	20,00	20,00	20,00	20,00	20,00	20,00	20,00
	6,22	12,44	18,66	24,83	30,24	35,65	41,06	43,76	46,46	51,87	57,28	89,73	111,36
	45,09	90,18	135,27	180,03	219,24	258,45	297,66	317,26	336,86	376,07	415,28	650,53	807,36
7 000	37,50	75,00	112,50	150,00	187,50	225,00	262,50	281,25	300,00	337,50	375,00	600,00	750,00
	5,63	11,25	16,88	20,00	20,00	20,00	20,00	20,00	20,00	20,00	20,00	20,00	20,00
	6,90	13,80	20,70	27,20	33,20	39,20	45,20	48,20	51,20	57,20	63,20	99,20	123,20
	50,03	100,05	150,08	197,20	240,70	284,20	327,70	349,45	371,20	414,70	458,20	719,20	893,20
8 000	41,20	82,40	123,60	164,80	206,00	247,20	288,40	309,00	329,60	370,80	412,00	659,20	824,00
	6,18	12,36	18,54	20,00	20,00	20,00	20,00	20,00	20,00	20,00	20,00	20,00	20,00
	7,58	15,16	22,74	29,57	36,16	42,75	49,34	52,64	55,94	62,53	69,12	108,67	135,04
	54,96	109,92	164,88	214,37	262,16	309,95	357,74	381,64	405,54	453,33	501,12	787,87	979,04
9 000	44,90	89,80	134,70	179,60	224,50	269,40	314,30	336,75	359,20	404,10	449,00	718,40	898,00
	6,74	13,47	20,00	20,00	20,00	20,00	20,00	20,00	20,00	20,00	20,00	20,00	20,00
	8,26	16,52	24,75	31,94	39,12	46,30	53,49	57,08	60,67	67,86	75,04	118,14	146,88
	59,90	119,79	179,45	231,54	283,62	335,70	387,79	413,83	439,87	491,96	544,04	856,54	1064,88
10 000	48,60	97,20	145,80	194,40	243,00	291,60	340,20	364,50	388,80	437,40	486,00	777,60	972,00
	7,29	14,58	20,00	20,00	20,00	20,00	20,00	20,00	20,00	20,00	20,00	20,00	20,00
	8,94	17,88	26,53	34,30	42,08	49,86	57,63	61,52	65,41	73,18	80,96	127,62	158,72
	64,83	129,66	192,33	248,70	305,08	361,46	417,83	446,02	474,21	530,58	586,96	925,22	1150,72
13 000	52,60	105,20	157,80	210,40	263,00	315,60	368,20	394,50	420,80	473,40	526,00	841,60	1052,00
	7,89	15,78	20,00	20,00	20,00	20,00	20,00	20,00	20,00	20,00	20,00	20,00	20,00
	9,68	19,36	28,45	36,86	45,28	53,70	62,11	66,32	70,53	78,94	87,36	137,86	171,52
	70,17	140,34	206,25	267,26	328,28	389,30	450,31	480,82	511,33	572,34	633,36	999,46	1243,52
16 000	56,60	113,20	169,80	226,40	283,00	339,60	396,20	424,50	452,80	509,40	566,00	905,60	1132,00
	8,49	16,98	20,00	20,00	20,00	20,00	20,00	20,00	20,00	20,00	20,00	20,00	20,00
	10,41	20,83	30,37	39,42	48,48	57,54	66,59	71,12	75,65	84,70	93,76	148,10	184,32
	75,50	151,01	220,17	285,82	351,48	417,14	482,79	515,62	548,45	614,10	679,76	1073,70	1336,32
19 000	60,60	121,20	181,80	242,40	303,00	363,60	424,20	454,50	484,80	545,40	606,00	969,60	1212,00
	9,09	18,18	20,00	20,00	20,00	20,00	20,00	20,00	20,00	20,00	20,00	20,00	20,00
	11,15	22,30	32,29	41,98	51,68	61,38	71,07	75,92	80,77	90,46	100,16	158,34	197,12
	80,84	161,68	234,09	304,38	374,68	444,98	515,27	550,42	585,57	655,86	726,16	1147,94	1429,12
22 000	64,60	129,20	193,80	258,40	323,00	387,60	452,20	484,50	516,80	581,40	646,00	1033,60	1292,00
	9,69	19,38	20,00	20,00	20,00	20,00	20,00	20,00	20,00	20,00	20,00	20,00	20,00
	11,89	23,77	34,21	44,54	54,88	65,22	75,55	80,72	85,89	96,22	106,56	168,58	209,92
	86,18	172,35	248,01	322,94	397,88	472,82	547,75	585,22	622,69	697,62	772,56	1222,18	1521,92
25 000	68,60	137,20	205,80	274,40	343,00	411,60	480,20	514,50	548,80	617,40	686,00	1097,60	1372,00
	10,29	20,00	20,00	20,00	20,00	20,00	20,00	20,00	20,00	20,00	20,00	20,00	20,00
	12,62	25,15	36,13	47,10	58,08	69,06	80,03	85,52	91,01	101,98	112,96	178,82	222,72
	91,51	182,35	261,93	341,50	421,08	500,66	580,23	620,02	659,81	739,38	818,96	1296,42	1614,72

1) Die Gegenstandswerte wurden in Anlehnung an die entsprechenden Werte der Tabelle nach § 11 Abs. 1 BRAGO festgesetzt. Es handelt sich dabei im Wesentlichen um eine Umstellung im Verhältnis 2 DM zu 1 Euro, wobei die Euro-Beträge jedoch auf volle 1000 aufgerundet wurden. Die vollen Euro-Gebühren wurden in Anlehnung an die Werte der Tabelle nach § 11 Abs. 1 BRAGO ermittelt. Auch bei den Gebühren handelt es sich im Wesentlichen um eine Umstellung 2 DM zu 1 Euro, jedoch ergeben sich teilweise Abweichungen.

Tabelle E (Rechtsbehelfstabelle)[1]

Wert bis	1/10	2/10	3/10	4/10	5/10	6/10	7/10	7,5/10	8/10	9/10	10/10	16/10	20/10
30 000	75,80	151,60	227,40	303,20	379,00	454,80	530,60	568,50	606,40	682,20	758,00	1212,80	1516,00
	11,37	20,00	20,00	20,00	20,00	20,00	20,00	20,00	20,00	20,00	20,00	20,00	20,00
	13,95	27,46	39,58	51,71	63,84	75,97	88,10	94,16	100,22	112,35	124,48	197,25	245,76
	101,12	**199,06**	**286,98**	**374,91**	**462,84**	**550,77**	**638,70**	**682,66**	**726,62**	**814,55**	**902,48**	**1430,05**	**1781,76**
35 000	83,00	166,00	249,00	332,00	415,00	498,00	581,00	622,50	664,00	747,00	830,00	1328,00	1660,00
	12,45	20,00	20,00	20,00	20,00	20,00	20,00	20,00	20,00	20,00	20,00	20,00	20,00
	15,27	29,76	43,04	56,32	69,60	82,88	96,16	102,80	109,44	122,72	136,00	215,68	268,80
	110,72	**215,76**	**312,04**	**408,32**	**504,60**	**600,88**	**697,16**	**745,30**	**793,44**	**889,72**	**986,00**	**1563,68**	**1948,80**
40 000	90,20	180,40	270,60	360,80	451,00	541,20	631,40	676,50	721,60	811,80	902,00	1443,20	1804,00
	13,53	20,00	20,00	20,00	20,00	20,00	20,00	20,00	20,00	20,00	20,00	20,00	20,00
	16,60	32,06	46,50	60,93	75,36	89,79	104,22	111,44	118,66	133,09	147,52	234,11	291,84
	120,33	**232,46**	**337,10**	**441,73**	**546,36**	**650,99**	**755,62**	**807,94**	**860,26**	**964,89**	**1069,52**	**1697,31**	**2115,84**
45 000	97,40	194,80	292,20	389,60	487,00	584,40	681,80	730,50	779,20	876,60	974,00	1558,40	1948,00
	14,61	20,00	20,00	20,00	20,00	20,00	20,00	20,00	20,00	20,00	20,00	20,00	20,00
	17,92	34,37	49,95	65,54	81,12	96,70	112,29	120,08	127,87	143,46	159,04	252,54	314,88
	129,93	**249,17**	**362,15**	**475,14**	**588,12**	**701,10**	**814,09**	**870,58**	**927,07**	**1040,06**	**1153,04**	**1830,94**	**2282,88**
50 000	104,60	209,20	313,80	418,40	523,00	627,60	732,20	784,50	836,80	941,40	1046,00	1673,60	2092,00
	15,69	20,00	20,00	20,00	20,00	20,00	20,00	20,00	20,00	20,00	20,00	20,00	20,00
	19,25	36,67	53,41	70,14	86,88	103,62	120,35	128,72	137,09	153,82	170,56	270,98	337,92
	139,54	**265,87**	**387,21**	**508,54**	**629,88**	**751,22**	**872,55**	**933,22**	**993,89**	**1115,22**	**1236,56**	**1964,58**	**2449,92**
65 000	112,30	224,60	336,90	449,20	561,50	673,80	786,10	842,25	898,40	1010,70	1123,00	1796,80	2246,00
	16,85	20,00	20,00	20,00	20,00	20,00	20,00	20,00	20,00	20,00	20,00	20,00	20,00
	20,66	39,14	57,10	75,07	93,04	111,01	128,98	137,96	146,94	164,91	182,88	290,69	362,56
	149,81	**283,74**	**414,00**	**544,27**	**674,54**	**804,81**	**935,08**	**1000,21**	**1065,34**	**1195,61**	**1325,88**	**2107,49**	**2628,56**
80 000	120,00	240,00	360,00	480,00	600,00	720,00	840,00	900,00	960,00	1080,00	1200,00	1920,00	2400,00
	18,00	20,00	20,00	20,00	20,00	20,00	20,00	20,00	20,00	20,00	20,00	20,00	20,00
	22,08	41,60	60,80	80,00	99,20	118,40	137,60	147,20	156,80	176,00	195,20	310,40	387,20
	160,08	**301,60**	**440,80**	**580,00**	**719,20**	**858,40**	**997,60**	**1067,20**	**1136,80**	**1276,00**	**1415,20**	**2250,40**	**2807,20**
95 000	127,70	255,40	383,10	510,80	638,50	766,20	893,90	957,75	1021,60	1149,30	1277,00	2043,20	2554,00
	19,16	20,00	20,00	20,00	20,00	20,00	20,00	20,00	20,00	20,00	20,00	20,00	20,00
	23,50	44,06	64,50	84,93	105,36	125,79	146,22	156,44	166,66	187,09	207,52	330,11	411,84
	170,36	**319,46**	**467,60**	**615,73**	**763,86**	**911,99**	**1060,12**	**1134,19**	**1208,26**	**1356,39**	**1504,52**	**2393,31**	**2985,84**
110 000	135,40	270,80	406,20	541,60	677,00	812,40	947,80	1015,50	1083,20	1218,60	1354,00	2166,40	2708,00
	20,00	20,00	20,00	20,00	20,00	20,00	20,00	20,00	20,00	20,00	20,00	20,00	20,00
	24,86	46,53	68,19	89,86	111,52	133,18	154,85	165,68	176,51	198,18	219,84	349,82	436,48
	180,26	**337,33**	**494,39**	**651,46**	**808,52**	**965,58**	**1122,65**	**1201,18**	**1279,71**	**1436,78**	**1593,84**	**2536,22**	**3164,48**
125 000	143,10	286,20	429,30	572,40	715,50	858,60	1001,70	1073,25	1144,80	1287,90	1431,00	2289,60	2862,00
	20,00	20,00	20,00	20,00	20,00	20,00	20,00	20,00	20,00	20,00	20,00	20,00	20,00
	26,10	48,99	71,89	94,78	117,68	140,58	163,47	174,92	186,37	209,26	232,16	369,54	461,12
	189,20	**355,19**	**521,19**	**687,18**	**853,18**	**1019,18**	**1185,17**	**1268,17**	**1351,17**	**1517,16**	**1683,16**	**2679,14**	**3343,12**
140 000	150,80	301,60	452,40	603,20	754,00	904,80	1055,60	1131,00	1206,40	1357,20	1508,00	2412,80	3016,00
	20,00	20,00	20,00	20,00	20,00	20,00	20,00	20,00	20,00	20,00	20,00	20,00	20,00
	27,33	51,46	75,58	99,71	123,84	147,97	172,10	184,16	196,22	220,35	244,48	389,25	485,76
	198,13	**373,06**	**547,98**	**722,91**	**897,84**	**1072,77**	**1247,70**	**1335,16**	**1422,62**	**1597,55**	**1772,48**	**2822,05**	**3521,76**

1) Die Gegenstandswerte wurden in Anlehnung an die entsprechenden Werte der Tabelle nach § 11 Abs. 1 BRAGO festgesetzt. Es handelt sich dabei im Wesentlichen um eine Umstellung im Verhältnis 2 DM zu 1 Euro, wobei die Euro-Beträge jedoch auf volle 1000 aufgerundet wurden. Die vollen Euro-Gebühren wurden in Anlehnung an die Werte der Tabelle nach § 11 Abs. 1 BRAGO ermittelt. Auch bei den Gebühren handelt es sich im Wesentlichen um eine Umstellung 2 DM zu 1 Euro, jedoch ergeben sich teilweise Abweichungen.

Wert bis	1/10	2/10	3/10	4/10	5/10	6/10	7/10	7,5/10	8/10	9/10	10/10	16/10	20/10
155 000	158,50	317,00	475,50	634,00	792,50	951,00	1109,50	1188,75	1268,00	1426,50	1585,00	2536,00	3170,00
	20,00	20,00	20,00	20,00	20,00	20,00	20,00	20,00	20,00	20,00	20,00	20,00	20,00
	28,56	53,92	79,28	104,64	130,00	155,36	180,72	193,40	206,08	231,44	256,80	408,96	510,40
	207,06	390,92	574,78	758,64	942,50	1126,36	1310,22	1402,15	1494,08	1677,94	1861,80	2964,96	3700,40
170 000	166,20	332,40	498,60	664,80	831,00	997,20	1163,40	1246,50	1329,60	1495,80	1662,00	2659,20	3324,00
	20,00	20,00	20,00	20,00	20,00	20,00	20,00	20,00	20,00	20,00	20,00	20,00	20,00
	29,79	56,38	82,98	109,57	136,16	162,75	189,34	202,64	215,94	242,53	269,12	428,67	535,04
	215,99	408,78	601,58	794,37	987,16	1179,95	1372,74	1469,14	1565,54	1758,33	1951,12	3107,87	3879,04
185 000	173,90	347,80	521,70	695,60	869,50	1043,40	1217,30	1304,25	1391,20	1565,10	1739,00	2782,40	3478,00
	20,00	20,00	20,00	20,00	20,00	20,00	20,00	20,00	20,00	20,00	20,00	20,00	20,00
	31,02	58,85	86,67	114,50	142,32	170,14	197,97	211,88	225,79	253,62	281,44	448,38	559,68
	224,92	426,65	628,37	830,10	1031,82	1233,54	1435,27	1536,13	1636,99	1838,72	2040,44	3250,78	4057,68
200 000	181,60	363,20	544,80	726,40	908,00	1089,60	1271,20	1362,00	1452,80	1634,40	1816,00	2905,60	3632,00
	20,00	20,00	20,00	20,00	20,00	20,00	20,00	20,00	20,00	20,00	20,00	20,00	20,00
	32,26	61,31	90,37	119,42	148,48	177,54	206,59	221,12	235,65	264,70	293,76	468,10	584,32
	233,86	444,51	655,17	865,82	1076,48	1287,14	1497,79	1603,12	1708,45	1919,10	2129,76	3393,70	4236,32
230 000	193,40	386,80	580,20	773,60	967,00	1160,40	1353,80	1450,50	1547,20	1740,60	1934,00	3094,40	3868,00
	20,00	20,00	20,00	20,00	20,00	20,00	20,00	20,00	20,00	20,00	20,00	20,00	20,00
	34,14	65,09	96,03	126,98	157,92	188,86	219,81	235,28	250,75	281,70	312,64	498,30	622,08
	247,54	471,89	696,23	920,58	1144,92	1369,26	1593,61	1705,78	1817,95	2042,30	2266,64	3612,70	4510,08
260 000	205,20	410,40	615,60	820,80	1026,00	1231,20	1436,40	1539,00	1641,60	1846,80	2052,00	3283,20	4104,00
	20,00	20,00	20,00	20,00	20,00	20,00	20,00	20,00	20,00	20,00	20,00	20,00	20,00
	36,03	68,86	101,70	134,53	167,36	200,19	233,02	249,44	265,86	298,69	331,52	528,51	659,84
	261,23	499,26	737,30	975,33	1213,36	1451,39	1689,42	1808,44	1927,46	2165,49	2403,52	3831,71	4783,84
290 000	217,00	434,00	651,00	868,00	1085,00	1302,00	1519,00	1627,50	1736,00	1953,00	2170,00	3472,00	4340,00
	20,00	20,00	20,00	20,00	20,00	20,00	20,00	20,00	20,00	20,00	20,00	20,00	20,00
	37,92	72,64	107,36	142,08	176,80	211,52	246,24	263,60	280,96	315,68	350,40	558,72	697,60
	274,92	526,64	778,36	1030,08	1281,80	1533,52	1785,24	1911,10	2036,96	2288,68	2540,40	4050,72	5057,60
320 000	228,80	457,60	686,40	915,20	1144,00	1372,80	1601,60	1716,00	1830,40	2059,20	2288,00	3660,80	4576,00
	20,00	20,00	20,00	20,00	20,00	20,00	20,00	20,00	20,00	20,00	20,00	20,00	20,00
	39,81	76,42	113,02	149,63	186,24	222,85	259,46	277,76	296,06	332,67	369,28	588,93	735,36
	288,61	554,02	819,42	1084,83	1350,24	1615,65	1881,06	2013,76	2146,46	2411,87	2677,28	4269,73	5331,36
350 000	240,60	481,20	721,80	962,40	1203,00	1443,60	1684,20	1804,50	1924,80	2165,40	2406,00	3849,60	4812,00
	20,00	20,00	20,00	20,00	20,00	20,00	20,00	20,00	20,00	20,00	20,00	20,00	20,00
	41,70	80,19	118,69	157,18	195,68	234,18	272,67	291,92	311,17	349,66	388,16	619,14	773,12
	302,30	581,39	860,49	1139,58	1418,68	1697,78	1976,87	2116,42	2255,97	2535,06	2814,16	4488,74	5605,12
380 000	252,40	504,80	757,20	1009,60	1262,00	1514,40	1766,80	1893,00	2019,20	2271,60	2524,00	4038,40	5048,00
	20,00	20,00	20,00	20,00	20,00	20,00	20,00	20,00	20,00	20,00	20,00	20,00	20,00
	43,58	83,97	124,35	164,74	205,12	245,50	285,89	306,08	326,27	366,66	407,04	649,34	810,88
	315,98	608,77	901,55	1194,34	1487,12	1779,90	2072,69	2219,08	2365,47	2658,26	2951,04	4707,74	5878,88
410 000	264,20	528,40	792,60	1056,80	1321,00	1585,20	1849,40	1981,50	2113,60	2377,80	2642,00	4227,20	5284,00
	20,00	20,00	20,00	20,00	20,00	20,00	20,00	20,00	20,00	20,00	20,00	20,00	20,00
	45,47	87,74	130,02	172,29	214,56	256,83	299,10	320,24	341,38	383,65	425,92	679,55	848,64
	329,67	636,14	942,62	1249,09	1555,56	1862,03	2168,50	2321,74	2474,98	2781,45	3087,92	4926,75	6152,64

1) Die Gegenstandswerte wurden in Anlehnung an die entsprechenden Werte der Tabelle nach § 11 Abs. 1 BRAGO festgesetzt. Es handelt sich dabei im Wesentlichen um eine Umstellung im Verhältnis 2 DM zu 1 Euro, wobei die Euro-Beträge jedoch auf volle 1000 aufgerundet wurden. Die vollen Euro-Gebühren wurden in Anlehnung an die Werte der Tabelle nach § 11 Abs. 1 BRAGO ermittelt. Auch bei den Gebühren handelt es sich im Wesentlichen um eine Umstellung 2 DM zu 1 Euro, jedoch ergeben sich teilweise Abweichungen.

Tabelle E (Rechtsbehelfstabelle)[1]

Wert bis	1/10	2/10	3/10	4/10	5/10	6/10	7/10	7,5/10	8/10	9/10	10/10	16/10	20/10
440 000	276,00	552,00	828,00	1104,00	1380,00	1656,00	1932,00	2070,00	2208,00	2484,00	2760,00	4416,00	5520,00
	20,00	20,00	20,00	20,00	20,00	20,00	20,00	20,00	20,00	20,00	20,00	20,00	20,00
	47,36	91,52	135,68	179,84	224,00	268,16	312,32	334,40	356,48	400,64	444,80	709,76	886,40
	343,36	663,52	983,68	1303,84	1624,00	1944,16	2264,32	2424,40	2584,48	2904,64	3224,80	5145,76	6426,40
470 000	287,80	575,60	863,40	1151,20	1439,00	1726,80	2014,60	2158,50	2302,40	2590,20	2878,00	4604,80	5756,00
	20,00	20,00	20,00	20,00	20,00	20,00	20,00	20,00	20,00	20,00	20,00	20,00	20,00
	49,25	95,30	141,34	187,39	233,44	279,49	325,54	348,56	371,58	417,63	463,68	739,97	924,16
	357,05	690,90	1024,74	1358,59	1692,44	2026,29	2360,14	2527,06	2693,98	3027,83	3361,68	5364,77	6700,16
500 000	299,60	599,20	898,80	1198,40	1498,00	1797,60	2097,20	2247,00	2396,80	2696,40	2996,00	4793,60	5992,00
	20,00	20,00	20,00	20,00	20,00	20,00	20,00	20,00	20,00	20,00	20,00	20,00	20,00
	51,14	99,07	147,01	194,94	242,88	290,82	338,75	362,72	386,69	434,62	482,56	770,18	961,92
	370,74	718,27	1065,81	1413,34	1760,88	2108,42	2455,95	2629,72	2803,49	3151,02	3498,56	5583,78	6973,92

Ab 500000 Euro ergeben sich folgende Erhöhungen der vollen Gebühr (10/10) – in Euro –:

Vom Mehrbetrag über 500 000 Euro je angefangene 50 000 Euro   150

---

1) Die Gegenstandswerte wurden in Anlehnung an die entsprechenden Werte der Tabelle nach § 11 Abs. 1 BRAGO festgesetzt. Es handelt sich dabei im Wesentlichen um eine Umstellung im Verhältnis 2 DM zu 1 Euro, wobei die Euro-Beträge jedoch auf volle 1000 aufgerundet wurden. Die vollen Euro-Gebühren wurden in Anlehnung an die Werte der Tabelle nach § 11 Abs. 1 BRAGO ermittelt. Auch bei den Gebühren handelt es sich im Wesentlichen um eine Umstellung 2 DM zu 1 Euro, jedoch ergeben sich teilweise Abweichungen.

ANSCHAULICH UND PRAXISNAH.

Bilanzierung und Rechnungslegung nach Handels- und Steuerrecht

In tabellarischen Übersichten

von Professor Dr. Heinz Stehle, Wirtschaftsprüfer und Steuerberater, und Dr. Anselm Stehle, Wirtschaftsprüfer und Steuerberater, unter Mitarbeit von Dipl. oec. Norbert Leuz, Steuerberater

2001, 5., überarbeitete und erweiterte Auflage, 150 Seiten, DM 39,–

ISBN 3-415-02879-8

Die Themenschwerpunkte des bewährten Werks sind in fünf tabellarischen Übersichten dargestellt: Im Vergleich der verschiedenen Unternehmensformen sind die grundsätzlichen Anforderungen an die Rechnungslegung herausgestellt (Tab. 1). Die einzelnen Bilanzpositionen sind in der Reihenfolge des gesetzlich vorgeschriebenen Gliederungsschemas für Kapitalgesellschaften aufgeführt und in Stichworten erläutert. Hier findet der Leser auch die jeweils wichtigsten Ansatz- und Bewertungsvorschriften (Tab. 2). Das Gleiche gilt für die einzelnen Positionen der Gewinn- und Verlustrechnung (Tab. 3).

Welche Angaben Kapitalgesellschaften im Anhang aufzuführen haben, zeigt Tabelle 4, die gerade kleine und mittelgroße Gesellschaften auch darüber informiert, welche Erleichterungen bei Aufstellung und Offenlegung des Anhangs für sie existieren. Schließlich sind die im Lagebericht anzugebenden Informationen übersichtlich dargestellt (Tab. 5).

Internet:
www.boorberg.de

E-Mail:
bestellung@boorberg.de

Ab701

Zu beziehen bei Ihrer Buchhandlung oder beim
RICHARD BOORBERG VERLAG
70551 Stuttgart bzw. Postfach 80 03 40, 81603 München